はじめに

この本は、哲学することが私たちの生活にどれだけのインパクトを与えるかを実際に体験していただくために書かれました。哲学は知識ではありません。あるいは哲学を知識としてどれだけ学ぼうが、そんなものには一片の価値もないと筆者は考えます。過去の哲学者が何を言ったかを知っていたり、日常生活を分析してごく当たり前のことを論理的に言い直したりすることに、どんな意味があるというのでしょう。専門家然として一般には分からない理屈を披露し、その知を売り物にするような智者（ソフィスト）を批判する中で、哲学（フィロソフィー）は誕生しました。哲学史においてごく当たり前のその「知識」でさえ、振り返って自分の身に適用する「哲学者」があまりに少なくなったことが、私たちの生活における哲学の意義を失わせたように思います。

哲学は何よりも実践です。日常生活において当たり前になっていることをもう一度疑い、あらためて考え直すことで、まったく当たり前ではない事実を私たちの日常の中に探り当てることが、本来の意味での哲学なのだと思います。その本来の意味での哲学を、読者のみなさまの日常において実際にやってみていただくというのが本書の目論見です。いま社会で起こっていることを広い歴史的な視野で見通す視点を獲得し、その上でそれぞれの「日常」を考え直すという作業を、ご一緒にやってみませんか。「歴史を見通す広い視野」というと、よくあるように、歴史の中に「普遍的なもの」を見つける作業をイメージされるかもしれません。いつの時代にも変わらぬ何かを見出すことで、不安に揺れ動く社会の中で確固たる視点をもつことができると考える方もいらっしゃることでしょう。しかし、ゼロから社会を考え直そうとする哲学にとって歴史を振り返ることは、その中に普遍的なものを見出すというよりもむしろ、過去から引き継いだ思考の枠組みに現代の私たちがどれほど縛られているかを明らかにするために必要なことと見なされます。私たちが今なおそこに縛り付けられている枠組みはどのような歴史を経て出来上がってきたものなのか——その道行きを明らかにすることで、現代の私たちを惑わす魔法を取り除き、未来へ向けた確かな視点を確保したいと思います。

とはいえ、現代の読者にとっては一気に過去に遡って現代へと至る道を確認する作業は、ただの知識を覚え込まされるような退屈を感じるかもしれません。歴史の積み重ねを解きほぐす中で、やがて現代の私たちの日常を拘束する論理が明らかになるといわれても、一見すると単なる昔話に見えるものに付き合わされることにリアリティを感じづらいとも思われます。それゆえ本書では順番を逆にして、現代の私たちの日常における問いを出発点にすることにしました。日常に見出されるちょっとした「謎」を掘り下げながら、思想の歴史の深い地層まで淵源を辿っていきます。

扱う思想家は、コペルニクス、ルター、カルヴァン、ガリレオ、ホッブズ、デカルト、ロック、パスカル、ニュートン、ライプニッツ、アダム・スミス、カント、マルクス、フロイト、ハーバーマス、ロールズ、クーン等々。名前だけは知っている思想家たちが、それぞれの時代の知の枠組みの中で何を明らかにしようとしていたのか——現代から見ると容易には見通せない時代の思考の道案内となるよう努めました。いまの私たちが「当たり前」と思うようなことが、意外な議論の積み重ねによって出来ていることがお分かりになるでしょう。第Ⅰ章から第Ⅴ章まで「富」、「美」、「科学」、「正義」、「私」という五つの言葉を鍵として歴史を掘り下げた後、最後にこれからの未来にありうべき新しい社会を展望したいと思います。

これまでの価値観が通用しなくなり、何が起きるか分からない不確定な時代に入った世界の「この先」を生きる人々のために、本書が役に立てることがあればと願います。

使える哲学◉目次

Ⅲ 科学――「進歩」への欲望 85

Ⅳ 正義――「権利」への欲望 121

Ⅴ 私――「ありのまま」への欲望 151

I

富

「承認」への欲望

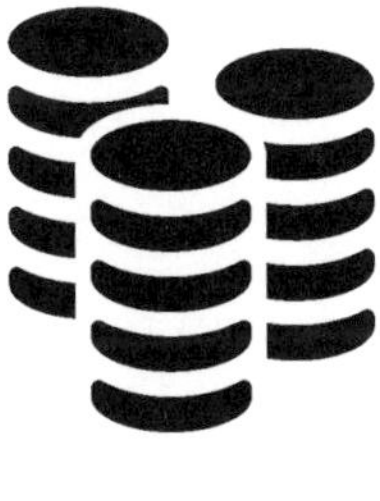

深度0　二〇一九年：「富」の魔法

「富を得たい」という願望は、ある程度、普遍的なものかもしれません。誰でも豊かになりたいと思うでしょうし、そうした願望は本能だと考える人もいるでしょう。

しかし、本当にそうでしょうか。もし仮にそれが極めて自然な願望だったとしても、その願望がまさに私たちを惑わす「魔法」になっている可能性はないでしょうか。近代社会に固有の神話から自由になるための最初の一歩として、この章ではまず「富」について考えてみたいと思います。

「富」という夢

卑近な例から始めましょう。ZOZOTOWNというインターネット上のファッション通販サイトを運営する会社の社長だった前澤友作氏が、二〇一九年に自分のYouTubeチャンネルを立ち上げました。最初に投稿した動画は、所有する一〇〇〇億円を通帳に記帳する場面を撮ったものでした。その動画の視聴回数は数日で一〇〇万回を越え、インターネットやテレビ番組で賛否両論の議論が噴出します。富のひけらかしは下品ではないか、というのが批判する側の主張でした。

しかし、前澤氏は、次のようなコメントを出して自らの行為を正当化します。前澤氏によれば、動画の投稿は「お金持たせてもらった人間の責務。誰かがやらないと、社会に刺激なくなるし、夢なくなるし、文化継承されないし、経済回らない」というのでした（https://twitter.com/yousuck2020/status/

1204928865237291010?s=20)。さて、前澤氏のこの主張は「哲学的」にみて、どのように評価されうるでしょうか——この問いを議論の出発点に立てたいと思います。

「羨望」の中身

前澤氏は、富への欲望を刺激することが富む者の責務だといっているように思われます。それは社会に夢を与えることであり、経済を回すことであり、文化でさえある、と。実際たしかに、一〇〇〇億円というお金は、個人が消費のために保有する額として破格です。動画を見て「自分もそうなりたい」と思う人もいたことでしょう。自分がそうなるとは思わないまでも「お金をもつこと（／人）への羨望」を喚起するには十分な効果があったと考えられます。前澤氏の投稿は、羨望を集めることによって「富」の幻想を強化する機能を果たしたのです。

しかし、そこで喚起される「富への羨望」とは、いったいどういうものでしょうか。少し掘り下げて考えてみましょう。というのも、前澤氏の投稿では「富」をもつことで得られる具体的な快楽が示されているわけではないからです。

くだんの動画は「1000億円記帳してみた」というものでしたので、そこで行われたのは銀行のATMのボタン操作と通帳を眺めることだけです。その中で「一〇〇〇億円」という数字が示されました。その数字を見て「これだけのお金があれば、あれも買える、これもできる」と想像を膨らませることはできます。しかし、そうして喚起される想像が、それを抱く当人にとって十分なリアリティがあるとしても、現にそこにある表象は単なる数字にすぎません。「富」なるもの、あるいはそれによって得られる快楽は具体的には何も示されていないのに、どうして人は「前澤氏のようになりたい」と思うのでしょうか。

それは「富」の表象とともに社会的な成功のイメージが喚起されるからかもしれません。お金をたくさん稼いだということは、つまり、それだけ多くの社会的な評価が与えられたことを示していると考えられるのです。しかし、これもさしあたりはイメージにすぎません。というのも、その動画に示されているのはあくまで「富」の結果であって、その原因にあたるものは描かれていないからです。もちろん、「前澤友作」という名前によって喚起される一連の物語はすでに存在していて、その名前に「社会的成功」が含まれていると考えることはできます。一定の知名度のある前澤氏が画面上に出るだけでそこにはすでに「社会的成功」とそれへの羨望が喚起されているとも考えられるわけです。しかし実際のところ、私たちは前澤氏についての「イメージ」以外に何を知っているのでしょうか。実際に彼の人となりをよく知っている人もいるでしょうが、多くの人はメディアで宣伝される知識以上のものは持っていないと思われます。ところが、羨望を喚起するのは、まさにそうしたイメージなのです。

「羨望」を誘うイメージは、くだんの動画によっても強化されます。単なる数字の表象は実際に人々の興味と欲望を広範囲に渡って喚起し、数日で一〇〇万再生を超えるという「結果」をもたらしました。そしてその「結果」が、前澤氏にまつわる物語のひとつとして登録されることになります。「数日で一〇〇万再生」ということ自体が、ひとつの「社会的成功」と見なされるのです。それは実際、彼の社会的認知度を高め、「成功者」のイメージを確固たるものにする作用をもつでしょう。「社会的に成功している」という観念が、まさに人々の羨望によって得られるわけです。

ここには非常に興味深い循環があることがお分かりになるでしょうか。これだけの材料ではまだ十分に議論できませんが、実質的なもののやり取りがない状態でのイメージの動きが「富」や「社会的成功」と呼ばれるものを実現していく回路がぼんやりと浮かび上がっています。人々の欲望の動きが、現実の「富」の増加をもたらしているのです。それは前澤氏がいみじくも「文化」と表現した資本主義社会の本質に関わるものですが、それを説明するにはもう少し準備が必要です。ひとつずつ掘り下げながら進めていきたいと思います。

富とは何か

そもそも「富」とはいったい何でしょうか。まずは単純に「あれも買える、これもできる」という可能性の広がりと考えられるかもしれません。「お金がなければできないこと」は、たくさんあります。ひとりの個人ができることは限られていますが、その限界を突破する可能性を与えてくれるのが「富」だと考えることもできそうです。お金を払うことで、他人の時間を拘束し、思うように動かすことができます。世の中には嫌々ながら働いている人も多いと思いますが、嫌なことでもさせてしまう力をお金はもっているのです。「お金がたくさんあればできること」は、その意味で個人の枠組みを越えて、社会に大きく広がっていると考えられます。

しかしなぜ、そのような可能性が与えられるのでしょうか。考えてみると不思議です。お金によって他人を動かすことができるには、まず他人がお金を欲しがるということがなくてはなりません。自分が欲しい物を持っている人、やりたいことをしてくれる人が、お金とそれを交換してくれるからこそ、望むものを手に入れることができるのです。ところが、考えてみると、一万円札には「物」としての価値はほとんどありません。「紙」としての用途はいくつか考えられますが、それが一万円分の価値をもつとはとても思えません。一万円は「日本銀行券」なので、その価値は日本銀行が保証してくれるのかといえばそうではありません。日本銀行の窓口が良心的に対応してくれたところで、持ち込んだ一万円を新しい一万円札に替えてくれるのが関の山でしょう。一万円の価値がある何か（たとえば金など）に交換してくれるわけではないのです。

では、なぜそのような紙切れが、誰もが欲しがる究極のものであり得るのでしょうか。この問題を考えた学者は何人もいますが、最も説得的な議論を展開したのは、マルクスだったと思います。[1]

深度2　一八六七年：マルクスの価値形態論

参照される歴史的なテクストには、それぞれに固有の深度があります。それは単に「古い」ということではありません。そうした議論が生み出される環境が、その時代に限定的に存在していたことを意味しています。過去のテクストだから古くて使い物にならないということはありません。現代には現代の環境に依存した思考の枠組みがあるので、過去のテクストの方が、その問題についてよほど深く考えているということが、よくあります。どんなことでも現代の方がいいという考え方は、それ自体が偏った進歩主義ではないかと思われます。「進歩」にまつわる魔法については「科学」の章で詳しく検討しますので、まずはその前提を無条件に適用することだけは控えていただきたいと思います。

本書で「深度2」と区切ったカール・マルクス（一八一八―八三年）の時代では、急速な産業化が深刻な社会問題を引き起こしていました。その中でマルクスは、資本主義社会の問題について非常に鋭利な分析を展開しました。現代のスタンダードな経済学の教科書では扱われなくなった議論が、ときに経済を考える上で重要な問題を浮かび上がらせる可能性をもつように思われます。

価値の第一形態

誰もがお金を欲しがるのはなぜでしょう。マルクスは価値形態論と呼ばれる議論で、その謎を解き明かしました。お金＝価値と考えると見えなくなる事柄を「価値」と呼ばれるものの形態を考えることで明るみに出そうとしたのです。

思考実験的な部分も大きいのですが、まずは単純な物々交換の場面を考えてみます。リネン生地（亜麻布）と仕立てられたジャケットを交換すると考えてください。ジャケットを持っている人は生地を欲しがっていて、生地を持っている人はジャケットを欲しがっているとします。「価値」はそこでは、互いの欲望の対象の中に、別々のかたちで見出されていることが分かります。ジャケットが欲しいという欲望と生地が欲しいという欲望は同じではありませんから、見出されている「価値」もそれぞれ異なります。

ところが、二つのものを交換するためには、その異なる「価値」を比べて一致を見出さなければなりません。それぞれの物をどれだけの量と交換するのかを交渉して、一致点を見出す必要があるわけです。今、ジャケット1着に対して、リネン生地を20mというところで折り合いがついたとしましょう。そうして晴れて二人は互いの物を交換し、それぞれの欲望を満足させることができます。交換が実現するには二つの物の「価値」が一致している必要がある。つまり、原則は「等価交換」であるはずですが、二人とも満足しているなら、交換の前と後で二人の効用の総和は増加していることになります。供出した物と受け取った物の「価値」は変わらないのに、二人の効用が同時に増えるというのが、「価値」をめぐる魔法の原初的な力です。

価値の第二形態

最初に一対一の交換の場面を考えましたが、実際の交換は多くの人との関わりの中で行われると考えた方がいいでしょう。青年マルクスが出身地の特産物であるリネン生地を抱えて市場《いちば》にやってきたと考えてください。まだ貨幣は存在していません。「お金」の存在を前提にせずに、誰もがお金を欲しがるようになる構造を明らかにすることがここでの課題ですので、最初から貨幣を導入しては意味がありませんよね。さて、青年マルクスは市場を回りながら、自分が持ってきたリネンが、他の人々が持ち寄った物とどのぐらいの量で交換できるのか交渉します。そうして分かったのが、次のような等式でした。

20ｍのリネン＝1着のジャケット
＝5kgのお茶
＝10kgのコーヒー
＝……などなど

ここでは先の一対一の物々交換が他のものに広がっただけで、基本的には同じ関係が表現されています。自分が持ってきた物（リネン）を他の物（ジャケット、お茶、コーヒー）と比較して、互いに交換してもいいと思われた量をメモしたというわけです。ただ、このとき、リネンというひとつの物がもっている「価値」が他の物と比べられていることに注意していただきたいと思います。基本的には先の一対一の場合と同じように、交換は異なる欲望の間に等価性を打ち立てることで成立します。5kgのお茶と交換する場合も、10kgのコーヒーと交換する場合も、交換する二人にとってその「価値」は等価でありながら違うという特徴をもっています。しかしここでは新たに、自分が持ってきたリネンが一般的にどのような「価値」をもつのかという観点が加わっていることが重要です。他の人々の間でリネンがどのように価値づけられるのかということが、この交換の大きな関心になっているのです。

カール・マルクス

つまり、ここでの「価値」は、自分の欲望をもとに主観的に判断されていただけの状態から、他の人々にとってどのように思われているかという「一般性」へと少しずつ観点を広げていることになるでしょう。たくさんの人が集まる市場に持ち込んでいるのですから、当たり前といえば当たり前ですが、ここで「価値」と呼ばれるものの中身が変化しはじめているのを見ていただきたいと思います。青年マルクスが持ち込んだリネンの「価値」は、他者にさらされることで、他のさまざまな物の量で測られることになるのです。

この「一般性」は当然のことながら、市場に参加する人々の密度が高まるにつれて高まっていくと考えられます。リネンを持ち込む人がひとりではなく複数になれば、交換レートの設定はよりシビアになるでしょう。それとともに「リネン」なるものの価値は、より一般的な基準で測られるものになっていくはずです。たまたま欲望がマッチングして偶然に交換が実現するような一対一の場面では「価値」は多分に主観的でしたが、市場の密度が高まるにつれてその「価値判断」は一般性を獲得していくようになるのです。

価値の第三形態

こうして市場の密度が一定以上に達すると、最終的に「価値」はそれまでとはまったく異なる形態をもつにいたるというのが、マルクスの理論の白眉です。マルクスによれば、人々の交換はやがて、次のような式で表現されるようなものへと決定的な一歩を踏み出します。

1着のジャケット＝20ｍのリネン
5kgのお茶　＝
10kgのコーヒー　＝
……などなど　＝

一見すると、これのどこが「決定的」なのか、よく分からないかもしれません。これは単に、先の式の右辺と左辺を入れ替えただけですので、どこに違いがあるのかすら分からない、というのがぱっと見たときの印象でしょう。それでも、この展開は「決定的」だといわざるをえません。先の式が左辺におかれた「リネン」の価値を他の物々によって測るものだとすれば、この式も同様に、左辺におかれたさまざまな物の価値をリネンによって測るものと読むことができるからです。それは何を意味しているのでしょうか。具体的な場面で考えてみましょう。

今、お茶の生産者が一定程度成熟した市場に参入して、彼が欲しいものを得ようとする場面を考えます。話を簡単にするために、彼が欲しいのはジャケットだとしましょう。彼が持ってきたお茶を欲しがる人の中からジャケットを交換してもいいと思っている人を探すのは、それなりに手間のかかる作業です。ジャケットを売りに出している人を見つけたとしても、その人がお茶を欲しがっていなければ、交渉をはじめることすらできません。また、お茶を欲しいという人がいても、その人がジャケットを持っていなければ意味がないでしょう。物々交換には、原理的にこのような困難が付き纏います。

しかし、交換の密度が一定のレベルを越え、人々の間で「価値」の一般性が十分に共有されているような市場では、物の「価値」は、ある程度まで共有されていると考えられます。「ジャケット」や「お茶」、「コーヒー」といったさまざまな物の「価値」は、市場への人々の参入率の高さに応じて、「ふつうの値段」を持っているのです。だとすれば、残された問題は、その一般的な価値を何で測るのか、になるでしょう。マルクスが示した第三形態の式では、その一般性が「リネン」を基準にして測られる状態が示されていました。左辺におかれたさまざまな物はそこで、すべて「リネン」というひとつの物の量によって測られています。「ジャケット」も「お茶」も「コーヒー」も、どのぐらいの量のリネンと交換可能かということによって、その「価値」を示しているのです。

お茶の生産者は、ジャケットを手に入れるために、まずはお茶をリネンと交換するところから取引をはじめることになります。この市場では、リネンが他のさまざまな物の価値を測るものになっているのですから、他の物と交換するためにまずお茶をリネンと交換するのは理にかなった行為です。そうすることでお茶の生産者は、ジャケットを持っている人の中からお茶を欲しがっている人を探す手間をかけずにすみます。お茶をリネンに換えた後でリネンをジャケットと交換すれば、彼の欲望は満たされ、市場に来た甲斐があったというわけです。

第三形態が成立する条件

すでにお分かりかもしれませんが、こうした取引が実現するためには、ひとつ大きな条件があります。リネンが他のさまざまな商品の価値を測るものとして人々に広く認識されていなければならないということです。そうでなければ、自分の生産物を、わざわざリネンと交換する行為に意味はないでしょう。お茶の生産者がこよなくリネンを愛していて、リネンを他の物と交換できなくても手元にリネンが残ればいいと思っているのなら問題ありません。しかし、そうでなければリネンを一度手に入れることはリスクにしかなりません。自分には使い道のないリネンが手元に来て、その後誰もリネンを欲しがってくれないのなら、こんな馬鹿なことはありません。したがって、この取引が成立するには、リネンがその量で他の物の価値を測るものとして機能し、その限りにおいて、誰もがそれを欲していることが不可欠の条件になっているのです。

　しかしなぜ、人は「リネン」を欲するのでしょうか。そこに特段の理由はありません。マルクスの議論では、彼の郷土愛のためか、「リネン」がさまざまな物の価値を測る特別な商品の役割を果たしています。ですが、歴史上「リネン」がそのような役割を果たしたことはありません。しかし、その物が何であるのかは重要ではなく、何であれ、それが「価値」を表現すると見なされることが重要です。そこでは、右辺におかれる物が、それ自体として「価値」を体現するものと考えられるのです。理由はどうあれ「リネン」こそが「価値」だという幻想が生起することで、その市場では、他のあらゆる物を「リネン」と交換できるようになるでしょう。そうして人は、自らが保有する「価値」の総体、つまり「富」をあらわす手段として「リネン」の量に訴えられるようになるのです。「リネン」をたくさん持っていることが、その人が豊かであることを示すというわけです。

　もうお分かりでしょう。「富」を表現する手段としての「リネン」が、私たちが普段「お金」と呼ぶものにあたります。「お金」と呼ばれるものは、この「リネン」の機能をもつものにほかなりません。お金の方がリネンよりずっと使用価値に乏しいですが、同じ機能を果たすものであれば何でも「お金」になりえます。ただの紙切れとして使用価値をもたない「お金」は、他のさまざまな物の「価値」を測るものであることによって、人々の欲望の対象になっているのです。しかし、そのことによって「お金」は、それ自体が「価値」そのものであるかのように見なされます。そして一度「お金＝価値」という幻想が成立すれば「お金」の量こそが「富」をあらわすと見なされるようになるのです。

「命がけの跳躍」と社会的承認

こうして「価値」と呼ばれるものが「お金」と同義になることに注意しましょう。第一形態における「価値」は、まだ多分に主観的なものでした。それぞれの物に対する個々人の欲望の強さが「価値」を決定していたのを思い出してください。それに対して第二形態における「価値」は、多数の人々の間の一般性へと広がっていくものでした。その「価値」は、市場に参加する他の人々の欲望を勘案した上で成立するものと考えられたのです。

そして第三形態に至って「価値」は、主観性の領域を完全に排して「客観的なもの」になります。「宝石なんか石ころにすぎない」と、いくら個人のレベルで吠えてみても、その声は大多数の人々が参与する匿名の市場による「価値」の決定の前にかき消されます。個々人がそれぞれの商品をどのように判断するかはまったく自由ですが、「価値」は、そうした主観的判断とは別に、市場によって客観的に定まると見なされるのです。

そうなると、自分の手で作ったものに対する「価値」の付与は、ひとえに市場の判断に委ねられることになるでしょう。個人がどれほど懸命に誠実な成果を積み上げたとしても、それが「お金」にならなければ「価値」はないと見なされます。反対に、多くのお金を得られるという結果さえあれば、まさにそのことを根拠に「価値」があると見なされます。生産者の手元で実感される価値と「お金」で表象される「価値」の間には底深い谷間があり、それを越えるには「命がけの跳躍」が必要だというのが、マルクスの有名な議論です。「お金＝価値」という幻想が成立することで「価値」は、個人の反駁を許さない「客観性」をもつと見なされるようになるのです。

さてここまで掘り下げてみて、どのようにして「富への羨望」が成立するのか、少し分かってきたかと思います。冒頭の前澤氏の動画では、一〇〇〇億円という額面が記された通帳が人々の羨望を集めていました。紙に印字された単なる数字が「莫大な富」のイメージを喚起しえたのは、人がみな「お金」を欲するという幻想が社会全体で共有され、それが唯一社会で共有される「客観的」な価値の基準になっているからだと考えられます。お金による「価値」の表象は、社会的承認の機能をもつに至っているのです。その過程はともかく、たくさんの「お金」が与えられる結果が見出されれば、それが「価値」だと見なされます。ともかくも「富」がそこにあるということで人々の「憧れ」が喚起され、まさにそのことによって社会的承認が与えられるということが、冒頭の前澤氏の例で示されていたことだったのです。

では、そのような富への羨望を喚起することは「富める者の責務」なのでしょうか。前澤氏はそれをひとつの「文化」だとさえいっていました。社会全体で「お金」についての幻想を共有するような

「文化」は、富める者が責任をもって継承していかなければ維持できないものなのでしょうか。「資本主義」という名前がつけられた経済システムとは、いったいどのようなものだったのか、もう一段、歴史を掘り下げて考えなければなりません。

深度3　一七五九年：アダム・スミスの道徳論

経済学の父と呼ばれるアダム・スミス（一七二三―九〇年）は、現代の資本主義社会の枠組みを作り上げた思想家でした。今日の私たちが「当たり前」と見なしている考え方の多くの源泉を、私たちはスミスの思想に求めることができます。経済学は「科学」であって思想ではないというのが経済学者の見解だと思われますが、それは歴史的な観点から見ると間違っているといわざるをえません。実際、スミス本人は「経済学者」ではなく道徳哲学の講座を担当する「哲学者」でした。スミスの思想には明確に、特定の価値観を前提にした考え方が見出されます。その点を詳しく見てみることにしましょう。

時代はそのとき、キリスト教神学の影響を抜け出して近代哲学の中で「道徳」を再定義しようとしていました。スミスはその道徳論の展開の中で「経済学」に繋がる思想を紡ぎ上げました。そこに今日まで連なる資本主義の「文化」の源泉を見出すことができます。

神という概念に訴えることなく「道徳」を考えるために、スミスを含めた同時代のイギリス系の思想家が注目した概念が「共感」でした。共感という概念は、もともとストア派という古代の哲学の中で重視されたものでしたが、彼らはそれを掘り返して、新たな道徳の基礎にしようとしました。スミスの道徳論が、その中で「経済学」に繋がる大きなインパクトをもったのは、なぜでしょう。それはスミスが「共感することはそれ自体、快楽である」という考え方をとったことによります。では、そうした考え方をとることで、いったい何が変わったのでしょうか。

偏りのない観察者と共感

人は、大変な不幸に襲われた悲しみにさえ、進んで共感しようとします。他者の不幸に強く心を痛めることによって私たちは、その痛みの中に他者との関係の本質をなすような情動が発露するのを見出します。スミスは、それを「快楽」とすることで、独自の思想を発展させました。

「共感することはそれ自体、快楽である」とすれば、人は自分の快楽のために他人と共感しようとすることになります。すると、どうなるか。快楽を求めて人は、より多くの人々とより多くのことについて共感する方向へと自然と促されるでしょう。そして、より多くの人々とより多くのことについて共感するために、人々は広く是認される行為をするようになると期待できるようになります。楽しいことも辛いことも、たくさんの人と共感し合えるような環境に身を置くために、人は自然と「偏りのない観察者」の視点を身につけ、その基準で自らの行為を律するようになる、というのが、スミスの共感論でした。

この議論の大きな特徴は二つあります。一つは、神学の助けを借りず、人間の自然＝本性をもとに

アダム・スミス

「道徳」を考えることに成功しているということ。それが、この時代の哲学に要求されていた大きな課題だったことはすでに見ました。スミスは共感を新しく定義することで、見事に人間がその本性に基づいて自然に道徳的に振る舞うことを説明してみせたのです。

もう一つの大きな特徴は、スミスがその「道徳」を、個人の快楽に基礎づけているという点です。スミスの道徳論では、個人はそれぞれ自分の快楽を求める中で道徳的に振る舞うと考えられています。そうなると、社会の道徳的な規範に従うことは、各人が好きでやっていることになります。もちろん狭い視野で考えれば、社会的な規則が個人の快楽と相反することも出てくるでしょう。しかし、「結局のところ、規則に従った方が得である」というのが、スミスの回答でした。より多くの快楽を得られるのはどちらかをよくよく考えれば、人は自ずと規則に従うことになると考えられたのです。快楽計算の上に規則が成立すると考える点で、スミスの議論は、後に現れる功利主義の先駆けになっていることが分かります。

偏りのない観察者とは誰のことか

ではその結果、どのようなルールが生まれることになるでしょうか。スミスの議論では、具体的に「何」が望ましい道徳かを示すことはできません。というのも、スミスの議論の眼目は、外側から規則が押し付けられるのではなく、諸個人が自分の快楽を求める中で自然に道徳的な秩序が成立するという点にあったからです。具体的に「これが正しい」とスミス自身が読者に規則を押し付けたりすれば、言っていることとやっていることが違うことになってしまうでしょう。[2]それゆえ、「偏りのない観察者の視点を身につける」ことで具体的にどのような規範が「正解」と見なされるのかという点は、人々の実際の振る舞いに委ねられることになりました。「偏りのない観察者」から見て道徳的に正しいとされることは、実際にその社会の中で人々が何を「一般的」と見なすかで変わってくることになるのです。

実際スミスの議論では、一般性さえ高ければ、道徳的に「正しい」と判定されることになります。「流行」のようなものでも、それによって一般性の高さが実現するなら「正しい」と見なされるのです。流行りものに乗っかることは、みんなが同じことをするという点において「偏りのない観察者」から是認されます。みんなが「いい」というものは、どんなに中身が粗悪であっても、社会全体で「いい」と見なされるというわけです。そのものがいいから共感が生み出されるのではなく、共感の広がりこそが物事の「よさ」を決定するというのが重要な点です。まだ結論づけるには早いですが、ここには前節でみた資本主義社会における承認の構造の原型を見ることができます。価値のあるものが高く評価されるのではなく、多くのお金を獲得することが「価値」として承認される市場の論理の原型をここに認めることができるのです。

このようなスミスの議論は、容易に想像できるように、「道徳」なるものが伝統的にもっていた規範的な性格を揺るがしました。「父母を敬え」、「うそをついてはならない」、「姦淫してはならない」

などの規範は、例えばモーセの十戒にも記されているように、しばしば理屈抜きの権威によって課されてきました。日本でも論語や仏教の戒律などで同様の規範が今日でも語られることがあります。しかしこうした伝統的な道徳規範は、スミスの「道徳論」の枠組みを採用する限り、必ずしも遵守されません。その社会に属する人々が変わらず伝統的な価値観を守り続けるのであれば、その「一般性の高さ」はかつてと同様の規範を「正しい」と示すことになるでしょう。

しかし、人々の意識が変化していくなら、その「正しさ」の判断は時々の流行に左右されるものになっていきます。どれだけ浅薄な議論であっても、人々の共感を獲得することさえできれば社会のルールとして通用するというのが、スミスの道徳論だったのです。そこには、道徳の「民主主義」という構造が示されています。ボトムアップで民衆の支持を得られるものこそが「正しい」と見なされることになるからです。

自然の欺瞞と産業の発展

スミスの議論のインパクトは道徳論にとどまりません。スミスは、個々人が自分の欲望に従うことによって社会全体で「正しさ」が共有されていく論理を示しましたが、それは単に「道徳」の問題を解決するだけでなく「産業」の発展をもたらすと見なされました。各人が自分の欲望に従って振舞うことが社会に経済的発展をもたらすという自由主義的な経済の「思想」です。スミスの議論を追ってみましょう。

野心をもった貧乏な家の子が、金持ちの言動を見てショックを受ける、というところからスミスの議論ははじまります。金持ちが良い乗り物で移動したり、召使いに身の回りのことをさせたりしている様子を見て、その貧乏な子は「自分もそうなりたい」と思うとスミスはいいます。

それは、彼の空想の中で優れた身分の人々の生活であるように見え、そうなるために彼は、富と地位の追求に永遠に自己を捧げるのである。(『道徳感情論』第四部第一章八、Smith 1976, p. 181. 強調は引用者)

金持ちに至る道は、しかし、努力さえすれば辿れるような平坦なものではありません。多大な肉体の疲労と精神的な不安が彼にのしかかります。それでも「彼は、非常に頑強な勤勉さをもって、自分の競争者にまさる能力を獲得するために日夜努力する」ことになります。そして「彼はその能力を公共の目にふれるように努力し、同じような熱意をもってあらゆる就職の機会を請い求める」のです。

しかし、それは簡単なことではありません。「その目的〔＝就職〕のために、彼は全人類に対して機嫌をとる。彼は自分が憎悪する人々に奉仕し、自分が軽蔑する人々にへつらう。彼の全生涯にわたって、彼は自分が決して到達しないかもしれない優雅な憩いという人工的な観念を追求し、そのために彼は、彼の力のおよぶ範囲にあった真実の平静を犠牲にする」といわれます。スミスの筆致はすでに非常にシニカルですが、さらに畳み掛けるようにこう続きます。

もし彼が老齢の極みにおいてついにそれに到達するとしても、その〔人工的な富の〕観念は、その代わりに彼が放棄したささやかな安全と満足に、いかなる点でもまさらないことを知るだろう。そのとき、すなわち、生涯も最後の数年になって、彼の肉体が苦労と病気で衰弱し、自分の敵たちの不正や味方の背信忘恩によって被ってきた無数の侵害と失望のために彼の精神が苛立ち怒っているときに、彼はついに、その富と地位が取るに足りない効用をもつ玩具にすぎないと悟りはじめるのである。(*ibid.*)

散々な書き方ですね。しかし、これがあくまでスミスの筆によるものであることが重要です。スミスはつまり、「富と名声への憧れ」によって引き起こされた数々の行為は、まったく無駄だといっているのです。「富と名声」の表象は人々の欲望を喚起します。しかし、喚起された欲望は、その当人を欺くとスミスはいいます。人間はこのように、個々人のレベルでは極めて狭い視野で物事を判断し、自分自身の欲望に騙され、広い視野から見れば馬鹿げているように見える行為をしてしまうといっているのです。ところが、まさにそうして騙されることで社会は発展するのだとスミスはいいます。

自然がこのようにしてわれわれをだますのは、いいことである。人類の勤労=産業（industry）をかきたて、継続的に運動させておくのは、この欺瞞である。最初に彼らを促して土地を耕作させ、家屋を建築させ、都市と公共社会を建設させ、人間を厳正かつ高貴で美しいものとするすべての科学と技術を発明改良させたのはこれなのであって、それが地球の全表面を変化させ、自然のままの荒れた森を快適で肥沃な平原に転化させ、人跡未踏で不毛の大洋を、生活資糧の新しい資源とし、地上のさまざまな国民への交通の大きな公道としたのは、これなのである。〔…〕彼らは、見えない手に導かれて、大地がそのすべての住民のあいだで平等な部分に分割されていた場合になされただろうものとほぼ同一の生活必需品の分配を行うのであり、こうして、それを意図することなく、それを知ることなしに、社会の利益を推し進め、種の増減に対する手段を提供するのである。（『道徳感情論』第四部第一章一〇、*ibid.*, pp. 183-184. 強調は引用者）

人間が自分自身の欲望に騙され、個人のレベルでは無駄になる努力を積み重ねることが、結果として社会を発展させるとスミスはいいます。個人はそれぞれ自分の欲望に従って自由に行為しますが、その欲望は「富」の表象によって、あらかじめ方向づけられているというわけです。自由経済が「見えない手」の働きによって結果的に社会の発展をもたらすのは、各人の欲望が無意識のうちに導かれるからだといわれるのでした。

そう考えれば、前澤氏の動画が人々に「夢」を与え、資本主義社会の「文化」を維持する機能を果たすというのは非常に的を射た発言であることになるでしょう。まさにそうして「富」の夢を示し、人々の欲望を喚起することが、資本主義社会全体の発展を実現すると考えられるからです。幻想に導かれた人々が、実際にどれほどの幸せを手に入れることができるかは問題ではありません。それでもそうして人々の欲望が喚起されることで、資本主義社会が発展するとアダム・スミスはいっていたのです。近代社会における経済発展を支えてきた「富」の魔法の働きは、こうして人々を「騙す」ことによって成立するものであることが分かりました。

しかし、なぜ人はこのような「富」の魔法の虜《とりこ》になってしまったのでしょう。ごく単純に考えて、人々がなぜこんなにもやすやすとスミスがいうような自然の欺瞞に身を委ねたのか、分からないところもあります。少し広い視野で物事を俯瞰して考えればすぐに分かりそうなことに誰も気づかず、あるいは気づいたとしてもあえて他と同じように「騙される」道を人々が選ぶのは、なぜなのか——その問いに対するひとつの答えは、スミスの「思想」に求められます。

スミスは、徹底した不可知論の立場を採った思想家でした。人間は神ではなく、本当に確かなことは誰も知り得ない、というのがスミスの立場だったのです。それはまさに、先に見た道徳の民主主義といいうるものを実現するために不可欠なものでした。どんな人間も市場原理の外から「正しさ」の基準を設定することなどできないということが、人々が同じ「価値」を共有するために必要とされたのです。そのためにスミスは、広い視野で物事を考える「哲学者」を排除して、それぞれの個人が自分の欲望を追求する社会を構想しました。市場原理を唯一の「客観的」な価値基準とすることで「自由」で「平等」な社会が作られたのです。

他方で、このような不可知論の考え方は、スミスが教育を受けたプロテスタント神学に根をもつ考え方でもありました。神という概念に頼らずに道徳を語ろうとしたスミスの議論は逆説的にも、プロテスタント神学の発想を強く受け継ぐものだったのです。人々が易々と資本主義の幻想の虜になった背景には「信仰」の問題がありました。人々が「富」の魔法にかけられるに至った歴史的な過程を、もう一段掘り下げてみましょう。

深度4　一五一七年：プロテスタント神学の救済論

プロテスタント神学の不可知論

スミスを生んだスコットランドは、ジョン・ノックス（一五一〇頃―七二年）というカルヴァン派の宗教指導者の改革によって、一五六〇年以降プロテスタント神学を国教としてきました。スコットランドは清教徒革命（一六四二―四九年）以前にプロテスタント化し、イギリスにおける宗教改革の中心的な役割を果たした国です。スミスの思想もまた、カルヴァン派のひとつである長老会派との関係抜きにはその成立を考えることができません。

ジャン・カルヴァン（一五〇九―六四年）の思想の核となる考え方のひとつは「予定説」と呼ばれています。死後、神の国に救済される人とそうでない人は、あらかじめ決められている、というものです。キリスト教に馴染みのない人からすれば、人の運命が神によって最初から決められているとは、なんと荒唐無稽な話だと思われるかもしれません。哲学的に見ても公平に議論するのが難しい考え方ではありますが、このような思想が出てくる文脈は理解できます。というのも、予定説は、人間には神の意志は決して知り得ないという不可知論と強固に結びついた考え方だったからです。人の運命は神によって決められているが、その神の意志は知り得ない。この世の中でどれだけ「善行」を積んだとしても、だから救済されるというわけではない、というのがカルヴァンにもマルティン・ルター（一四八三―一五四六年）にも通じるプロテスタント神学の基本的な考え方でした。

そのことは、よく知られた「免罪符」への批判にも関わっています。「免罪符」とは、カトリック教会が発行した贖宥《しょくゆう》状《じょう》（indulgentia）のことですが、これはもともと十字軍の功績に対してその「善行」を証明するために出されたものでした。ところが、やがてそれは教会の改修などを名目とする資金集めのために発行されるようになります。死後の救済が寄進という「善行」によって約束されるということへの批判

マルティン・ルター

が、宗教改革の出発点になったのです。

しかし、プロテスタントの批判は、「救済がお金で売られること」に対してではなく、「善行を積む」という考え方自体に向けられました。というのは、プロテスタントの批判は、強大になった教会の権威からの解放を目指したものだったからです。「善行」という考え方を残せば、何が「善行」なのかを定義する権力は温存されます。「これこそが善行だ」という規範を示すことで教会は、民衆をコントロールすることができるのです。「救済がお金で売られる」というのは、確かにその権威の乱用のひとつだといえるでしょう。

しかし、その点があらためられたとしても「正しさ」を設定する権威が教会に残されるなら、教会による恣意的な民衆の統制は避けられません。そのためプロテスタント神学では、「善行を積む」と

いう考え方自体を否定することが目指されました。プロテスタント神学は、救済はひとえに神の意志だけによると考えたのです。人間は、限られた視野で目の前に与えられたことをするだけで精一杯であり、その人が実際に救済されるかどうかは「神のみぞ知る」といわなければならない——こうした考え方が、プロテスタント神学の基礎になりました。そこには神学における脱権威の志向を見ることができます。

　このプロテスタント神学の考え方がスミスの議論の基礎になっていることは、もう明らかでしょう。スミスの道徳論の目的のひとつは、道徳的な「正しさ」を外的な権威によらずに判断するための基準を作ることでした。人間はその時々の限定された視野で事柄を判断できるだけであり、それが最終的にどのような結果をもたらすかは、神のみぞ知る。神の「見えない手」は、それでも、結果的には人間の社会を総体として発展させると考えられました。そうした考え方の基礎には、プロテスタント神学の不可知論があったのです。

「承認」を求めて

　しかしどうして、誰もが本当の「正しさ」など知りえないという不可知論が、「富」の魔法に騙されることに繋がっていったのでしょうか。それは、人々がそれでも救済の証を求めたからだと考えることができます。

　プロテスタント神学の批判によって、救済は教会が保証するものではなくなりました。プロテスタント以外の教会では、贖宥状を発行するだけでなく、さまざまな「サクラメント」[3]（「秘跡」、「機密」、

「聖奠（せいてん）」など宗派によって呼び方はさまざまです）によって信者に救済を約束します。例えば、「告解」（ゆるし、痛悔、懺悔）は、罪を告白することで神の赦しを得るサクラメントですが、プロテスタント以外の教会では、罪を犯した場合でも適切な処置を受ければ、救済の約束は守られると信じられます。しかし、プロテスタント神学では、そのようなかたちで救済が約束されることはありません。信仰は個々人のものであり、すべてを「自己責任」で判断しなければならないとされたのです。

各人は神聖な契約に関しては自らが自分自身を代理する。その人自身の信仰が要求されている。各人は自らを弁明し、自分自身の重荷を背負わなければならない。（Luther 1888, S. 521）

プロテスタント神学では信仰の個人化が進んでいったのです。

だとすれば、プロテスタントの信者は、自分が救済されることをどうやって確信できるのでしょうか。あるいはまた「善行」の有無によらずに救済されるか否かがあらかじめ決まっているのなら、人は信仰をもつ必要すらないのではないでしょうか。キリストを信じることが救済に結びつかないのなら、もはやキリスト教徒であり続ける必要もないように思われます。

カルヴァンはこの問題を、少しばかりトリッキーな理屈を用いて回避しました。「不可抵抗恩寵」と呼ばれる議論です。幸いにもキリスト教徒になりえたということが、神の恩寵が施された証だというのです。救済を約束されている人間は、まさに神の御業によって「キリスト教徒になる」という恩寵を受けないことはできない、というのがカルヴァンの理屈です。キリスト教徒になることは、救済をもたらす原因ではなく、その結果だというわけです。

しかし、いま現在の「よい状態」が神の恩寵の結果だとすれば、現在の「よい状態」はその後の救済の保証をするものではないことになります。仮に「キリスト教徒になる」ということが神の恩寵の結果なのだとしても、その後に積み重ねられる行為の中に過ちが含まれる可能性は十分にあるでしょう。キリスト教徒になったところまではよかったが、その後の罪のために結局救済されないということもありえます。キリスト教徒であることもまた、神の恩寵の結果のひとつにすぎず、最終的な救済を保証するものにはなっていないのです。

プロテスタントの信者は、それゆえ逆説的にも、自分が救済されていることの証を得るために、自分が常に「よい状態」であることを示し続けなければならなくなりました。「よい状態」が恩寵の原因ではなく結果だとすれば、救済されていることを示すために、彼は常に「よい状態」であり続けなければなりません。ここに絶えざる「承認」への希求が発生することになります。では、いまの自分が「よい状態」であることを、どうやって証明すればいいのでしょうか。自分ではどれだけ自分のことを誠実だと思っていても、どこかに自己欺瞞が入る可能性はあります。「善行を積むこと」が何の救済の保証にもならない以上、別の仕方で客観的に「よい状態」にあることが示されなければなりません。こうして救済の確信が、ただ神の見えない手のみに委ねられる構造が実現することになりました。

絶対的な救済の保証がない以上、人々は自分の限られた視野でできる限りのことをするよりほかありません。そうした行動が「正しい」かどうかの判断は、すべて神に委ねられます。その人が自分でどれだけのことをしたかは問題ではなく、見えない手の働きの結果がすべてなのです。「お金＝価値」という幻想に喚起された欲望によって人々が動かされたとしても、そこには「客観的」な判断が示されています。市場原理に偏りのない観察者の働きを見る経済学において、欺瞞があってもなお客観的と認めることができた背景には、承認を求めるプロテスタント神学の論理があったと考えられるのです。

もちろん、このような神学的な発想が今なお残っているといいたいわけではありません。最初期の「資本主義の精神」が今日の人々にも同じように根付いているなどとはとても言えないでしょう。[4] しかし、人々が欲望に突き動かされることで社会が発展するという思想が、それほど大きな抵抗に遭うことなく受け入れられた背景は理解していただけると思います。「富」という表象に騙されることは、それが神に導かれていることの証となる限りで「正しい」と見なされたのです。個々人がどれだけ自分で価値を確信しても、市場という「神」の価値判断が絶対化される。その思想の源泉が、見出されました。権威を排し、個々人の主観性を離れた「客観的」な価値基準を成立させるために、たとえそれが人々を「騙す」ものであったとしても、富の魔法が社会全体を覆わなければならないと見なされたのでした。

では、そのような「文化」は、なお再生産され続けなければならないものでしょうか。結果的にこれが一番「平等」なシステムなのだと開き直ることはできるかもしれませんが、そうした議論がきちんと別様な可能性を考えた上でなされることはほとんどありません。大きな思想的な偏りをもつ資本主義の「文化」を維持する以外に、社会なるものを構想することはできないのか——その点については、この本の最後であらためて考えたいと思います。ここではまず私たちにかけられている「富」の魔法を相対化できたというところで、先に進むことにしましょう。

Ⅱ

美

「尊さ」への欲望

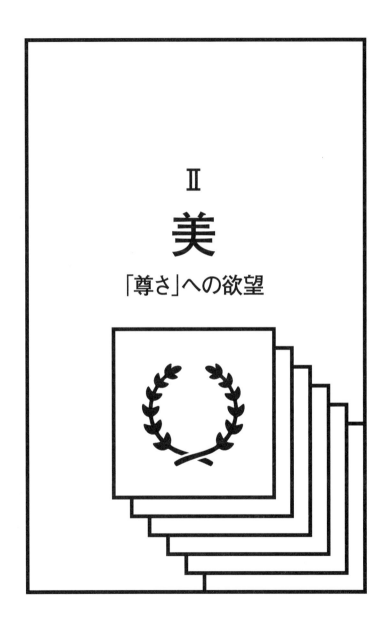

美しいものに対する賞賛には、ときに神聖性さえ含まれます。サブカルチャーの分野でも、ほかとは違った価値が感じられる作品に対して、いつの頃からか「神」という表現が与えられるようになりました。「尊い」という形容詞も頻繁に用いられます。その用法はあまりにもカジュアルなので、単に「すごい」という言葉を言い換えているだけのようにも見えますが、それでもなぜ、よりによって「神」やそれに関連する形容詞が選択されるのでしょう。

宗教を排した世俗的な社会の成立を目指してきた近代社会の中で、あえて神学的な表現が用いられるのはなぜなのか――そこに作用している欲望の構造を掘り下げたいと思います。

深度0　二〇一九年：「美」の消費

アイドルの「神聖性」

再び卑近な例からはじめましょう。『パタリロ！』という漫画で有名な魔夜峰央の作品を原作とした『翔んで埼玉』という映画作品です。原作は一九八二―八三年ですが、二〇一九年に映画（武内英樹監督）が公開され、その年のブルーリボン賞作品賞、日本アカデミー賞一二部門を受賞するなど、大変話題になりました。

埼玉の「ダサさ」を東京の「洗練」と対比させ、その絶対的格差を「埼玉解放戦線」の革命で乗り越えるという自虐的な物語が、埼玉県に住む人々を中心に大いにウケたといわれます。この映画は

「本場」である埼玉の映画館で観るとその場に「連帯感」が生まれ、より一層作品への没入感が高まるといわれました。自虐的な表現を好意的に受け取るという感性は、どのようなものと考えたらよいでしょうか。

もしパロディ化された対象が関東圏の都市ではなく、実際に厳しい経済格差が存在する地方都市だったとしたら、洒落ではすまされない差別的な表現と見なされる可能性があったでしょう。寒村からの労働者を搾取することで産業化を進めてきた日本の歴史的な経緯を考えるなら、例えば東北や山陰の田舎あるいは沖縄が「差別」の対象として描かれたら、社会的な物議を醸すことは疑いありません。おそらく対象の都市が一定程度都市化していたからこそ、言い換えるなら「富」を基準とした欲望のゲームに参加する人々の間の相対的な「劣位」が主題だったからこそ、その差を自虐的なパロディとして楽しむことができたのではないかと思われます。

またそこでは、「中流」であることの「連帯感」が、資本主義社会における自分たちの確かな位置を示すものになっていました。それは、映画の最後に示される「日本全国埼玉化計画」とその実現として十全に表現されています。そのシーンでは、日本中のさまざまな地方都市が「埼玉」と同じように「郊外化」し、大規模なチェーン店を中心にしてまったく同じような街並みを実際に作り上げたことが「埼玉化計画」の結果として示されていました。「現実」における「埼玉」の支配が、富の幻想を共有する人々の間に実際に広がっていることが「自虐的表現」を好意的に受け止めるための重要な要件になっていたと考えられるのです。

以上の分析は、「富」についての前章の議論と親和的なものですが、この文脈で重要なのは、その

「富」を象徴する「都会的洗練」なるものが、明確に「美」として描かれている点です。「東京」のエリート校に通う都内の一等地に住む生徒は、贅沢な衣装で華やかさを競う社交界の貴族のイメージで表現されます。「高貴」な血筋の生徒会長と、「圧倒的な富」と「アメリカ帰りの洗練」によって埼玉出自を隠す転校生という、二人の主人公の間の「美しい」ボーイズ・ラブ（BL）が、物語の中心軸になっていました。それらは「富」の表象であると同時に、美的な卓越を示すものとして表現されているわけです。映画の感想をSNSで拾ってみても、主人公のひとりを演じたGACKTを「神」と表現したり、二人の関係を「尊い」としたりするコメントが溢れていました。

こうした「神聖性」の感じ取られ方には、すでにパロディ的な要素が含まれています。アイドルを崇拝したり、「推し」と呼ばれる対象にお金を注ぎ込んで応援したりすること（「お布施する」とも表現されます）は、本人にとっては他に代えがたい価値をそこに見出すからこそされているのでしょう。ときにストーキングなどの犯罪にまで発展する対象への「入れ込み」は、少なくともそれをしている当人からすれば、冗談半分と片づけられるものでは決してないのかもしれません。

それでも、その「崇拝」には、対象が実際には「神」でないことが、はじめから織り込まれているのではないでしょうか。もちろんそれは「神」という概念をどのように定義するかに依存しますが、少なくとも、その「神」は、非常に個人的なもので、他の人々には同じ影響を及ぼさないものと考えられているように見えます。より広い文脈では「ただの人」と見なされることは承知の上で、対象の「神聖性」が語られているように見えるのです。

では、そのような、なかば世俗化された「神聖性」は、どのようにして成立したのでしょうか。また、さまざまな神学を排した後で、私たちはなぜあらためて「神聖性」を必要としているのでしょうか。この章では、こうした問いを軸に「美」という概念にまつわる魔法の中身を掘り下げてみたいと思います。

深度1　一九七九年：「大きな物語の終焉」

教養主義とサブカルチャーの違い

まず、超越性が脱色されたような「神聖性」が、どのようにして成立したのかを考えてみましょう。そうした「神聖性」の捉え方の変化は、一九八〇年代以降、いわゆる「サブカルチャー」が大きな社会的機能を果たすようになった時期に生じたと考えられます。

かつて、夏目漱石や森鷗外などの文学作品が、社会全体で共有すべき価値観を提供していた時代がありました。全国の小学生が四年生になると新美南吉の『ごんぎつね』を読み、世代を越えて同じ感性を共有することが道徳的な「正しさ」を共有する役割を担ったのです。それらの作品は今もまだ（少なくとも本書の執筆時は）教科書に残っていますが、実質的な「道徳的規範」としての機能は現在どのぐらい残っているでしょう。かつては、それらの作品による感性の共有が実際の社会で他人と関係を取り結ぶ際のお手本になった場面もあります。イタズラだけれど、人知れず改心して善い行いをしようとする「ごん」が勘違いゆえに殺されてしまう切なさは、子どもたちに自分自身の振る舞いを考えさせるきっかけになっていたのです。

現代の子どもたちにとっては、しかし、『ドラえもん』や仮面ライダー、ゲームなどのサブカルチャーの方が「感性の共有」に資する役割を担っているように思われます。「神作品」は、学校で読まされる古典文学より、ときに世代ごとに分断される流行のサブカルチャーに多く見出されるのです。みんなが同じ作品を観ることで他者との感性の共有が実現されているのだとすれば、その社会的な役割は、ある時期以降、サブカルチャーのメディアが担うものになりました。

物語を共有することで同じ感性をもつという点では、教科書的な物語とサブカル的な物語の違いはありません。しかし、両者には明確に異なる点があります。それは「押しつけがましさ」の違いです。サブカル的な作品については「これは神／これはクソ」という評価がなされても、基本的にその判断は「人それぞれ」の範疇に収まります。その枠を越えて価値判断を押しつける行為は、たとえ批評家であったとしても強く戒められることになるでしょう。[1] オタク文化が「価値の多様性」の上に成立するものであることはしばしば指摘されますが、全体を貫く高次の価値の指標が存在することを許さないという特徴をもっていると思われます。

それに対して教科書的な物語には「この作品を読むべき」という規範性が強く働いています。『ごんぎつね』をどのように解釈するかについては「個性」の枠内で、ある程度の差異が許容されます。それでも、作品の前提を覆すようなエキセントリックな解釈が受け入れられることはないでしょう。そして、その物語は最初から「読まなければならない」ものとして位置づけられているのです。教科書ではまた、必ずしも「普遍的」とは見なされないような「感性」の共有が求められる場合もあります。

森鷗外の『舞姫』は、高校の現代文の教科書に載っていますが、出世のため恋人にお金を積んで別れてもらうことを物語るこの作品の感性は、時代的な限定の中でのみ理解されうるものでしょう。そうした感性を「歴史」として共有するのが無意味だとは思いませんが、それは「人それぞれ」という枠組みには収まりません。現代的な共感の外におかれるものの共有は「教養」としてのみ成立すると考えられます。同じ物語を社会全体で共有することを目指す社会運動を「教養主義」といいますが、教養主義では作品を通じて望ましい人格を育てることが目的とされていました。「教養＝文化(culture)」は「耕す(cultivate)」と同じ語源をもつ言葉ですが、それを身につけることで望ましい人間を作り上げることが目指されていたのです。

教養主義とサブカルチャーは、こうして、読み手の「私」の変容を促すものであるかどうかで明確に分かれることになります。教養主義における作品の共有では「素晴らしい」とされる作品をみんなで共有することによって個々の「私」を変容させ、理想的な人格を陶冶することが目的とされました。それに対して、サブカルチャーにおける作品の共有では「私」の変容はまったく問題になりません。自分が好きな作品を「好き」といい、好きな者同士でコミュニティを作る文化では、作品の「神聖性」が問題になる場面であっても、それを鑑賞する「私」が変容することは想定されていないのです。

例えば、「神」と賞賛されるアイドルや作家が「私」には許容できない理不尽な振る舞いをしたと考えてみましょう。そのとき「私」の価値観が「神」によって揺るがされることは、サブカルチャーの消費においては、ほとんどありません。そうした場合にはむしろ、「神」の方がその超越的な地位から引き下ろされるのが通例と思われます。対象となるアイドルに不倫や麻薬使用、DVなどが発覚した場合、「絶対」と言われた「神」であっても「裏切られた」と比較的簡単に放棄されることになるでしょう。「神」の「無実」を信じて待つことはできるかもしれませんが、「神」による理不尽な振る舞いが理不尽なまま受け入れられることはないのです。むしろ、アイドル＝偶像となる人々の方が、崇拝者の歓心を買うために常に努力し、崇拝者に諂《へつら》うことを要求されているという方が現実に近いと思われます。「神」は「私」の価値観を揺るがすものではなく、「私」の理想に合致するものと見なされているわけです。

「大きな物語」の終焉

こうしたメンタリティの変化は、しばしば「大きな物語の終焉」と表現されます。これは、もともとフランスの思想家ジャン＝フランソワ・リオタール（一九二四―九八年）が使った表現です[2]が、社会全体で共有される絶対的な価値がなくなった後の「物語」の消費のされ方が変化したことを示すものとして、主に文化批評の分野で定着しました。この表現を一九八〇年代以降の「オタク化」を説明するものとして用いたのが、東浩紀の『動物化するポストモダン』（二〇〇一年）です。東は「大きな物語」を共有（しようと）するツリー型の物語消費に対して、それぞれの「私」が個々の「小さな物語」を紡ぎあげるデータベース型の物語の消費の仕方を区別しました。それが一九八〇年代以降のオタク文化における物語消費の特徴だというわけです。

社会全体で同じ物語を共有することを目指す「大きな物語」は、教養主義の衰退とともに効力を失っていきました。代わりに台頭してきた「小さな物語」では、「私」が消費の主体として位置づけられます。東のいう「データベース型消費」においては、作品の設定と世界観さえ示されれば、後は「私」が読み込むことで「小さな物語」を消費できるといわれました。作品の原作にはもちろんオリジナルの物語がありますが、同一のオリジナルを共有することだけが作品の消費ではありません。作品の消費者が、原作の世界観の設定を引き継ぎながら、別の新しい物語を自分で紡ぐ「二次創作」が盛んに行われるようになっていきます。「神作品」であっても、あるいは「神作品」であるからこそ、オリジナルの物語で描かれていないことを「私」の側で読み込んで補う必要があると見なされたのです。

鑑賞者の想定を著しく逸脱するものは、ときに「公式」の物語であっても鑑賞者の側から激しい批判を浴びます。「私」の理解を超えるような設定は、「私」を変容させるものとして機能するのではなく、「私」の理解に準拠することを求められるのです。作品に対する「私」の思い入れが強ければ強いほど、望ましい物語のあり方が作品に期待されることになるでしょう。データベース型の消費では、こうして、オリジナル＝公式に対する一定のリスペクトを残しつつも、「私」の好みに合わせて「小さな物語」を作ることに重点がおかれることになるのです。

こうした東の文化論を「古い」と断じる新しい世代の批評家も現れていますが、議論の構図はそれほど変わっていません。宇野常寛によれば、東の議論は「引きこもり／心理主義」的である点で一九九〇年代後半の感性は代表できても、二〇〇〇年代以降の想像力にはとどいていないと批判されます。「一九九〇年代後半の感性」と呼ばれるのは、例えば『新世紀エヴァンゲリオン』の主人公である碇シンジに象徴されるような「〔何かを選択すれば（社会にコミットすれば）必ず誰かを傷つける〕ので、〔何も選択しないで（社会にコミットしないで）引きこもる〕」（宇野二〇〇八、一七頁）ようなものでした。しかし、「二〇〇〇年代以降」の人々は、そのような「引きこもり」に甘んじることができない状況におかれているとされます。

この資本主義経済と法システムによって組み上げられた世界を生きる限り、私たちは生まれ落ちたその瞬間から〔自己責任と格差社会の〕ゲームの渦中にある。（同書、一八―一九頁）

高度経済成長とその吹き溜まりのような九〇年代が終わって、ネオ・リベラリズムと呼ばれる経済至上主義が全面化した社会の変動に合わせるように（この点については、本書二〇〇頁の議論を参照）、サブカルチャーの消費のされ方も変わったのです。

では、その結果、サブカルチャーの表象はどう変わったのでしょう。宇野によれば、二〇〇〇年代の「想像力」は「決断主義」へと促されることになったといわれます。「戦わなければ、生きていけない」という状況の中で、それが「正しい」かどうかは分からなくても、何かにコミットしなければならないというメッセージが、サブカルチャー的な表象にも顕著に現れるようになったといわれます。「究極的には無根拠である「小さな物語」を〔…〕「信じたいから、信じる」」（同書、三二六頁）ことが、「ゼロ年代」の生き方とされます。

しかし、こうした「決断主義」もまた、あくまで「小さな物語」の決断を謳うものである限りにおいて、東が示した「データベース型消費」の枠組みに留まっています。宇野自身が認めるように、[3]「新しい世代」もまた「データベース型消費」の中で嗜好の違う他者を排して「小さな物語」の隘路に躊躇なく飛び込む点で「古い世代」とその思考の枠組みを共有しています。「決断主義」もまた、それぞれの「私」がそれぞれの「小さな物語」を選択することにおいて、資本主義的な消費の枠組みを共有しているのです。そこでは、「私」が生きている資本主義社会は所与と見なされ、その枠組みを変える可能性はまったく考慮されません。「小さな物語」を消費する「私」は、それぞれが「信じたいから、信じる」だけで、そこに「私」を変容させる契機はないのです。

ならば、単に「私」の消費の対象である作品が「神」と崇められるのは、どうしてなのでしょうか。「私」の好みに合致することを作者に強く求め、奇抜な設定の中でも物語が常に定型化した人格(「ツンデレ」、「天然」、「幼馴染」等々)のやり取りに終始するように要求し、使い古されたフラグをメタ的に操作することで生起する「お約束」と「裏切り」のロンドに酔いしれながら、対象となる作品を「神」と称えるような感性は、いったい何に由来しているのでしょう。

サブカルチャーで求められる「神聖性」の根を探るために、もう少し歴史を掘り下げてみましょう。世俗化していく近代社会の中で宗教的な神の権威が切り下げられた後、「天才」を称賛しつつ「芸術」が新しい「神」の地位を占めるようになりました。近代における芸術の神格化の過程を辿り直すことで、サブカルチャーにおいてなお求められる「神聖性」の本性が明らかになるはずです。

深度2　一八〇〇年：「芸術」という神話

「天才」の神聖性

近代社会で宗教の絶対的権威が相対化され、道徳的な「正しさ」が市場原理によって決定されるようになっていった過程を前章で確認しました。各人の「自由」を確保しながら、その中で「客観的」と見なされる価値基準を立ち上げる社会システムが、ひとつの「思想」として構想されたのです。人々に富の魔法をかけて「騙す」ことによって達成される資本主義社会は、経済的な「発展」をもたらす一方で、さまざまな問題を生み出しました。その問題のひとつひとつを検討するのは本書の目的を離れますが（この点については、荒谷 二〇一九参照）、社会全体で「大きな物語」を共有し、道徳的な「正しさ」の基準を市場原理とは別に設定しようとする「教養主義」の試みは、歴史的にみると、資本主義社会が生み出した問題を乗り越える方法として示されたものとして位置づけられます（同書、九四頁以下参照）。

一定の「教養」を身につけて理想の人格を形成することこそが人間にとって最も美しい生き方だと考える教養主義の「価値」を支える存在は「天才」でした。天賦の才によるとしか考えられないような素晴らしい作品を鑑賞することが、感性に基づく「正しい」判断の基礎になるとみなされたのです。

しかし、「天才」とは何でしょう。「神作品」という言葉が乱発される以前、天才が神聖視された時代がありました。日本では、先述の夏目漱石、森鷗外などがその「天才」にあたります。彼らの才能を称賛し、その作品を社会全体で共有することによって、社会全体で通用する価値判断の基準を設定しようとしたのです。ここでの天才もまた、文字通りの意味での「神」ではありません。サブカルチャーが提供する「神聖性」と同様に、天才が担う「神聖性」も神ならぬ人間の業によるものでした。「尊さ」の感情を人々に抱かせるような「神聖性」をもつ天才は、あくまでも人間としてその役割を担ったのです。サブカルチャーの「神」とは異なり、教養主義の「天才」は「大きな物語」の共有によって鑑賞者の「私」を矯正する機能をもちましたが、神ならぬ人間が「神聖性」を帯びる点では同じ役割を果たしているようにも思えます。

では、教養主義の発展の中で「天才」と見なされた人々の「偉大さ」は何に由来していたのでしょうか。

「オリジナル」の価値

教養主義の「感性」を支えたのは、ロマン主義という芸術運動でした（教養主義とロマン主義の関係については、荒谷 二〇一九、九四頁以下参照）。その芸術運動の中に「オリジナリティ」という近代美学の基本概念の源泉を見出すことができます。

「オリジナリティ」は、芸術作品の芸術性を支えるものだと理解されます。誰かの作品を真似た作品は、少なくともハイカルチャーの文脈では、いまだに「コピー」として一顧だにされません。コピーの方がずっと完成度が高く、元の作品のコンセプトをより明確に具現化している場合でも、「コピー」であるというだけで価値のないものと見なされます。つまり、オリジナルの価値は、作品が芸術であることを保証するものになっているのです。

しかし、「オリジナリティ」は、なぜそうした「価値」をもっていると見なされるのでしょう。考えてみると不思議なことです。というのも、広い歴史的な視野で見ると、芸術作品の価値は長らく「完璧に模倣できていること」に求められていたからです。そこで言われる「模倣」とは、神が定めた物事の理念としての「イデア」の模倣だったのですが、世界の物事の真の姿を可能な限り正確に写し取るということが、芸術作品の価値を保証していたのです。その背景には、真の意味で物事を創造できるのは神だけであるという考え方がありました。「オリジナリティ」とはその意味で「神」にだけ認められるものであり、人間がもちうるものとは見なされなかったのです。

「オリジナリティ」の起源

ではなぜ、人間が「オリジナリティ」をもつと考えられるようになったのでしょうか。初期ロマン主義の作家であるシュレーゲル兄弟にその起源がみられます。

シュレーゲル兄弟は「自然の模倣」という旧来の芸術観を前提にしつつ、人間がもちうるものとして「オリジナリティ」を示しました。少し分かりづらいものですが、兄のアウグスト・ヴィルヘルム・シュレーゲル（一七六七―一八四五年）の文章を見てみましょう。[4]

自然を生まれたものとしてではなく生むものそれ自体として理解するなら、〔…〕芸術は自然を模倣すべきであるという原則は反論の余地がなく、また欠点もない。(August Wilhelm Schlegel 1989, S. 258)

シュレーゲルはこうしてまずは「自然の模倣」という伝統的な芸術観を共有するところからはじめます。「自然を模倣すべきであるという原則は反論の余地がない」といわれる通りです。しかし同時に、「……なら」と条件を付けることで、シュレーゲルは「自然の模倣」という言葉の意味を変えようとしています。「自然を生まれたものとしてではなく生むものそれ自体として理解するなら」というのが、その条件です。

アウグスト・ヴィルヘルム・シュレーゲル

「自然(nature)」という言葉は「生む(naturo)」というラテン語に由来しますが、自然という言葉を「生む」という動詞の過去分詞(=「生まれたもの(naturata)」)としてではなく、現在分詞(=「生むもの(naturans)」)として理解することを、ここでシュレーゲルは提案しています。こうした「自然」概念の読み替えは、実際のところ、必ずしもシュレーゲルの「オリジナル」ではないのですが(ルネサンス期のジョルダーノ・ブルーノ(一五四八―一六〇〇年)の思想にその源泉を辿ることができます)、「芸術」という概念の転回という点ではきわめて特異な役割を果たしました。

シュレーゲルにおいてその「自然」の読み替えは、「オリジナリティ」を人の手に帰するという重要な役割を果たしたのです。

自然を「生まれたもの」と見なす考え方は、その「自然＝生まれたもの」を「生む者」として「神」を想定しています。「神」が世界をそのようなものとして作ったのであり、私たちはその自然の中に生きているというわけです。しかし、自然を「生まれたもの」ではなく「生むもの」と考えることは「自然」の中に産出能力を見出すことを意味します。その産出能力に「神」がどのように関わるかは別にして、「自然」そのものに新しいものを生み出す能力が備わっていると考える点で、シュレーゲルの条件は非常に大きな考え方の転換を迫るものになっていることが分かるでしょう。新しい何かを生み出す「オリジナリティ」が「自然」のうちに宿っているという考え方が、そこには示されているのです。

自然自体にそのような「オリジナリティ」があるとすれば、「自然の模倣」を試みる芸術家にも「オリジナリティ」を発揮する能力が少なくとも潜在的には与えられていることになります。人間もまた「自然」の一部だからです。シュレーゲルはこうして「芸術＝自然の模倣」という旧来の考え方を、オリジナリティの源泉を示すものへと転換させることに成功しました。芸術は、そこで「自然」がもつ「生む力」を模倣するものと考えられるようになったのです。

では、その「生む力」は、どうすれば引き出されるのでしょうか。興味深いことにシュレーゲルは、その力の源泉を芸術家の「内面」に求めました。「芸術家にとって師たる創造的自然は外的現象のうちには含まれていないのだから、芸術家は創造的自然からどこに忠告を見出すべきか。芸術家はそれを自己自身の内面のうちに、自己の存在の中心点のうちに、精神的直観を通して見出しうるだけであり、それ以外のところに見出すことはできない」(Ebd., S. 259)。人間も「自然」の一部である以上、芸術家の「内面」に「生む力」が宿るというのは理解できます。

しかし、人間の外にある「自然」には、なぜその力が見出されないのでしょうか。ここでシュレーゲルがほぼ何の理由づけもなく、外の「自然」には生む力がないと断定しているのは、近代における「オリジナリティ」の成り立ちを考える上で興味深い点だと思います。近代的な世界観を前提にしてシュレーゲルの言葉を聞く限りでは何の違和感も覚えないかもしれませんが、シュレーゲルが「自然」というものを、「個人」の枠組みで「内」と「外」に分けられると当然のように言うことができたからには、この時代においてすでに、個々の「私」の独立性が確立していたはずです。この点については、「私」という概念にまつわる近代の魔法を検討する第V章で詳しく検討しましょう。

ともあれ、芸術家が「偉大」だと見なされるのは、彼が人間でありながら「神」に比される「オリジナリティ」をその「内面」にもつからだとされていることが分かりました。芸術家の苦悩や葛藤もまたその限りで、神ならぬ人間の限界を示すのではなく、彼の「内面」の深さを示すものとされます。「内面」の深さと見なされるものが、作品の創造性を保証すると考えられているのです。作られた作品の背後にある「内面」に価値の源泉があるのなら、出来上がったものを形だけ真似たものに創造性が欠けていると見なされるのは当然でしょう。

コピーを作る人間は、どれだけ技術をもっていたとしても、単に「生まれた自然」を模倣するだけで「生む力」には触れていないと見なされます。芸術作品が芸術作品であるためには、そこに生み出す自然の力の痕跡がなければなりません。そこでは「オリジナルであること」が、自然の生む力を証明するものになっているのです。こうした考え方が今日「芸術」と称されるものがもつ魔法の源泉になっています。その魔法がどれだけの効力をもつものだったのか、その後の「芸術」の歴史を概略的に辿ってみましょう。

「芸術」の終焉

制作者の立場から見て芸術作品に「神聖性」を与えるには、具体的に何をすればいいのでしょうか。新しいものを作り出す力を芸術家の内面に見るという「考え方」を導入することで、鑑賞する側の人間が「神聖性」を読み取るという回路は理解できました。「神」にのみ認められていた創造性が、特定の理路を経由して芸術家の内面に見出されると考えられることで、その作品が神々しいものと見られるというわけです。

では、それを作る側の芸術家はどうすればいいのでしょう。芸術家もまたオリジナリティの神話を信じてひたすら内面を掘り返していれば、素晴らしい作品を作り出すことができるのでしょうか。「私らしさ」なるものに「オリジナリティ」を探そうとする人がいたとして、その具体的な方法を見出すのは容易ではありません。「オリジナリティ」なるもの自体が非常に観念的で、具体性を欠いているからです。

旧来の芸術観から新しい芸術観を引き出したシュレーゲル兄弟自身が、その問題に突き当たりました。「私」の内面といっても、いったいどこを掘り下げればいいのか——「君たちは詩作にあたって、自分の仕事にとっての支えが、つまり母なる大地、天空、生動的大気が欠けていることをしばしば感じたに違いない。〔…〕古代人の文学にとっては神話が中心点だったが、そうした中心点がわれわれの文学には欠けている」（Friedrich von Schlegel 1967, S. 312）と弟のフリードリヒ・フォン・シュレーゲル（一七七二―一八二九年）は訴えています。それまでは与えられた神話の中にイデアを見出し、そのイデアを模倣することが芸術とされてきたけれども、芸術家が自分で「イデア」を生み出さなければならないとすれば、芸術家はいったい何をすればいいのでしょう。

　これまでなかった新奇な組み合わせを提示してみせるだけでは、その作品に「神聖性」を与えるのは難しいでしょう。[5]また単に過去のものを知らずに自分にとっての新しさを示すだけでは、オリジナルなものとはいえません。[6]それがいかに「私」の内面から出てきたものであったとしても、単に知らなかっただけのものに、神による「イデア」の産出力と同等の力を認めることはできないのです。それゆえ、シュレーゲルは、オリジナリティの源泉を「私」の底にある「古い力と高尚な精神」に求めました。私たちの内面の奥底には「今日まで人に知られることなくまどろんでいる古い力と高尚な精神」（Ebd., S. 347）があり、その未知の力を「再び解き放つこと」で芸術作品に神聖性が与えられるとされたのです。

　しかし、そうした「古い力」を得ることと「古代の神話」を模倣することとは、どう違うのでしょうか。過去に価値の源泉を求める点では同じように見えるので紛らわしいのですが、シュレーゲルの方は「今日まで知られていなかった古い力」を求める点で、それまでとは異なる一歩を踏み出しているといえます。他のロマン主義者と同様、シュレーゲル兄弟もまた「神話」や「歴史的伝統」を重視し

フリードリヒ・シュレーゲル

た芸術論を展開しましたが、その「神話」や「伝統」自体が新しく作り上げられたものだったのです。例えばロマン主義者であるグリム兄弟は、ドイツのさまざまな地方に伝わる民話を「グリム童話」として編纂し、それによって「ドイツ民族」なるものを新しく定義することに成功しました。地方ごとに別々に伝わっていたものを「ドイツ」の民話としてまとめることで、それまで存在しなかった「歴史的伝統」を作ったのです。こうして「新しい神話」を作ることが芸術の役割と見なされるようになりました。

とはいえ、そうした新しい「歴史的伝統」もひとたび構築されてしまうと、後続する芸術家がオリジナリティを発揮する機会は失われてしまいます。同じようなことをしても、「模倣」と見なされてしまうからです。後に続く芸術家たちが「オリジナリティ」を示し続けるには、さらに「新しいもの」を示す必要があるでしょう。では、その「新しいもの」は、どうやって見つければいいのでしょうか。単に個々の芸術家がそれぞれの主観を開陳するだけでは、みんなにとっての「新しいもの」にはなりません。一定の客観性をもつものでなければ、神の創造に比されるような「オリジナリティ」があるとはいえないからです。

それゆえ芸術はこれ以後、それまでの物語をいったん共有した上で違いを示すというかたちで展開することになりました。過去の芸術とは異なる「新しいもの」を提示するにしても、同じ「芸術」の枠組みを共有しつつ、それを発展させていく必要があります。そうでなければ「新しいもの」を共有することもできません。過去の芸術を否定しつつも受け継いでいくという契機が芸術の「発展」をもたらしたのです。実際、芸術作品の価値がイデアの模倣であるという考え方を採る限り、そこに「発展」を見る契機はほとんどありませんでした。さまざまな芸術のスタイルがあり、時代時代の思考様式に即した表象がありうるとしても、それらの優劣を語り、ひとつの芸術の物語に統合する必要はなかったのです。芸術が「発展」するために、「オリジナリティ」によって「新しいもの」が生み出されるという「物語」を共有する必要が生まれました。

もちろん、ロマン主義芸術以前にも、バロックやルネサンス美術、ゴシックなどさまざまな芸術の様式が存在していました。芸術の「物語」はその限りで、ロマン主義を出発点としていると考えることはできません。それでも、芸術を「発展」の歴史と捉える考え方は、ロマン主義を出発点にしていると考える必要があります。「芸術」の歴史はその後、「新しいもの」によってそれ以前の芸術を乗り越えるというかたちで、急激に「発展」していきました。写実主義が「伝統」に挑んでロマン主義を埋葬し、「権威」から逃れる印象派が「新しい芸術」として人々の支持を集め、シュールレアリズムやキュビズムが真に独創的な芸術として神格化されていきます。いずれの芸術運動も、それまでとは比べものにならないほど短いスパンでそれまでの歴史を否定的に引き継ぎながら、新たな「オリジナリティ」を打ち立て、芸術の「発展」を担っていったのです。

しかし、そうした芸術の「発展」は、オリジナリティの神話を自ら破壊することで終わりを迎えました。現代アートは、芸術の「発展」を支えてきた「オリジナリティ」の枠組みを否定する行為自体を「新しい芸術」として示すという戦略を採りました。美術アカデミーの権威に対抗して出来上がった「アンデパンダン（独立芸術）」が、その発展の中で新しい「権威」として芸術を支配するようになった時代、マルセル・デュシャンは既製品の便器を出品して「芸術」という概念自体を揺さぶります。誰でも買える「既製品の便器」を出品して「オリジナリティ」の神話を問い直すことが、「オリジナル」な試みとして評価されるようになったのです。

以後、現代アートは、芸術にまつわる既成概念を破壊する行為を「芸術作品」として提示する道を進みました。そのような「発展」の結果、芸術は自ら解体するに至ります。すべてを破壊し尽くした後に「芸術」と呼ばれるものをひとつの歴史に統合する枠組み自体が失われたのです。

資本主義化する芸術とサブカルチャー

今日なお「芸術作品」と呼ばれるものが作られ続けています。しかし、それらは芸術の「発展」を画するものではなく、個別の物語の中で価値づけられるようになっています[7]。芸術がひとつの「大きな物語」として共有される枠組みが解体され、芸術もまた資本主義社会の論理の中で価値づけられるものになっていきました。作家と親しい関係にある批評家がもっともらしい理屈で「オリジナリティ」を褒めそやし、美術市場での作品の価値を高める競争が行われるようになっています。芸術の歴史を語る全体的な物語が失われた後、個別の物語によって「美」の幻想を喚起し、人々の欲望を集めることで作品の価値を高める手法が一般化したのです。

芸術は（美術市場の金融面からだけでなく、美的価値の管理運営という面で）全面的なインサイダー取引の過程に入ってしまったのである。〔…〕最後に残された問いは、次のようなものだ。こんな〔現代アートの〕機械仕掛けが、批評家の幻滅と商品価値の高騰をつうじて、どうして機能し続けられるのだろうか。（ボードリヤール 二〇一一、一五―一七頁）

ジャン・ボードリヤール（一九二九―二〇〇七年）という思想家は、このように芸術の資本主義化を嘆いています。多少なりとも批判的な書きぶりではありますが、こうした嘆きを裏書きするような事例は、今日の美術業界で多く認められるように思われます。「新しい芸術」は今日でもメディアや批評家が一体となって提示されますが、それは「大きな物語」として社会全体で共有されるのではなく、どれだけの人々に幻想を抱かせられるかを競うゲームになっているのです。

このように近代社会の枠組みの中で「発展」してきた「芸術」の価値が自壊していく中で、サブカルチャーが台頭してきました。先に見たように、サブカルチャーには「オリジナル」な作品を世界観やキャラ設定の「データベース」と見なし、「私」の好みに合わせて「二次創作」することを楽しむ感性が根付いています。原作者もまた、そうした「ファン」による二次創作のコミュニティの拡大が作品の売れ行きに直結することを理解して、「オリジナル」が改変されるのを忌避するどころか、むしろ奨励する方向に傾いているようです。

その中でも特筆すべきは漫画『ブラックジャックによろしく』（二〇〇二―〇六年）の作者である佐藤秀峰氏の試みでしょう。二〇一二年からウェブのさまざまなメディアで全巻無料配信をするとともに、自由に二次加工できる素材を公開して話題を呼びました。佐藤氏の試みは、ファン・コミュニティの拡大を狙ったものというよりもむしろ、企業が宣伝広告の素材として用いるなど露出の増加を企図するものだったようですが、紙媒体の単行本販売ではすでに増版のかからない「死にコンテンツ」だった作品の新規読者を獲得するとともに、続編の販売で一億五〇〇〇万円もの売上を計上するに至ったとのことです（佐藤 二〇一五）。つまり、作品の「オリジナリティ」を著作権によって守り、そこから経済的な利益を引き出すというモデルを離れて、著作権を放棄すること自体で話題性を高め、その宣伝効果によって得られた知名度を売上につなげるという方法が、意図的に目指されたわけです。

作品の「価値」は、そこでは作品に内在するものではなく、経済効果を上げるかどうかで測られるものになっています。佐藤氏による作品の無料化を「神」と評価する声が相対的に少ないのは興味深い現象とも思えますが、二次利用の積極的な拡大が「オリジナリティ」の神話の解体を促進する効果をもったのは確かだと思われます。作品がいいから読まれるというより、広く人々に知れ渡る作品が経済の客観的尺度の中で高い価値をもつと見なされるということです。サブカルチャーにおける作品の「神聖性」は、前章で見たような経済の枠組みに完全に解消されてしまったかのようです。

でも、本当にそうでしょうか。「GACKT様、マジで神」という言明が、経済システムの価値尺度を基準にしてはじめて語られるものであることは疑い得ないでしょう。イメージ操作と知名度の高さが、その「神聖性」を実現していることは間違いありません。それでも、そこには「尊さ」を求める欲望が何らかの仕方で示されているように思えます。「GACKT様」の価値がメディアへの露出の頻度や話題性によって支えられていることは、それを「崇拝」する人々の目にも明らかであるにもかかわらず、あえて超越性を示す言葉を選択することに「アイロニー」はまったく入っていません。メッキがメッキでしかないことを知りながら、その価値を称える言葉に一切の「嫌味」が入っていないのは、何かを「リスペクトすること」自体に対する欲望が働いているからであるように思われます。

そうした神なき時代の「神聖性」のあり方を考えるために、「美」という概念にまつわる歴史をもう一段掘り下げて考えてみたいと思います。芸術家が「天才」として神格化される以前には、「美」が神の恩寵と見なされる文脈がありました。その感性を掘り下げながら、サブカルチャーにもわずかに残っている「神聖性」の所在を明らかにしたいと思います。

深度4　一五九〇年：「何かよくわからないもの」の優美＝恩寵

「マニエリスム」における優美

「芸術」が神なき時代の「神」へと祀り上げられていく過程を、前節で検討しました。そこでは「オリジナリティ」の神話が芸術家に「神」だけがもつといわれた生む力をもつという幻想を与えたのでした。しかし、そのように芸術家が過度に神格化され、芸術作品に対して「神」に代わる信仰が捧げられる以前にも、「美」に神聖性を見出す感性は存在していました。近代社会の成立の構造を検討す本書の企図の中で参照される文脈は必然的に西洋のものになりますが、「美」はそこではキリスト教神学の枠組みの中で捉えられています。

美とは、生き生きとしたスピリチュアルな優美〔＝恩寵〕である。

これはルネサンスの後期に、芸術作品の価値を思想的な枠組みの中で位置づけようとした最初期のひとりであるジョヴァンニ・パオロ・ロマッツォ（一五三八―九二年）の『絵画聖堂のイデア（*Idea del tempio della pittura*）』（一五九〇年）における「美」の説明です。西洋美学に詳しい方には、ロマッツォを最初にもってくる必然性が見えづらいかもしれませんので、少し遡って説明しておきましょう。「美」についての哲学的な議論は、もちろん古代ギリシア以来、さまざまに行われていましたが、具体的な美術作品の価値を示すために理論的な説明が必要になったのはロマッツォの時代からだったと考えられるのです。

古代ギリシア以降「イデア」と呼ばれる世界の本質は、実際に世界のさまざまな存在のあり方を規定すると同時に、人間の魂の中にも潜在していると考えられました。その結果、芸術作品の「美」は芸術家の魂の中の「イデア」を表現するものと考えられたのです。この「魂の中のイデア」という考え方は、芸術家の「内面」に見出される「オリジナリティ」と紛らわしいですが、異なるものです。古代・中世の芸術家は「神」のように新しいイデアを産出する「オリジナリティ」をもつ存在としてではなく、「神」が作ったイデアを自分の中にもつ者と考えられたのです。芸術家が世界の本質を具現化したような美しい作品を作ることができるのは、人間の魂の中にイデアが潜在しているからだというわけです。

こうした芸術作品についての考え方は中世まで維持されましたが、ルネサンス期に決定的な変化をもたらす一歩が踏み出されます。レオン・バッティスタ・アルベルティ（一四〇四―七二年）やレオナルド・ダ・ヴィンチ（一四五二―一五一九年）の時代です。よい絵画を描くためには客観的な自然をきちんと観察しなければならないという考え方が現れました。それまでは、芸術家は自分の魂の中にあるイデアを表現すればいいと考えられていましたが、その場合、芸術表現としては割と素朴な観念を表現するにとどまります。そうした素朴な芸術表現を、ルネサンス期の芸術家は、侮蔑を込めて「ゴシック」（「ゴート人」のように野蛮な）と呼びました。そうした考え方が芸術の「発展」を妨げていたと考えられたのです。

ジョヴァンニ・ロマッツォ

ルネサンス期になると同じくイデアを表現するにしても、きちんと「自然」の側にあるイデアを観察し、その美しさを表現しなければならないという考え方が生まれます。芸術家は自分の中にある未熟な観念に依拠するのではなく、「自然」の中に現れるイデアを学び取らなければならないと考えられました。この時期以降の絵画論でデッサンが何よりも重視されたのは、画家は何よりも「自然」に学ばなければならないという考え方が確立したためです。「遠近法」がこの時期に開発されたのも、同じ理由ですが、次章で詳しく見るように、こうした「自然」を探求するという考え方が今日の自然科学の基礎になっています。

さてしかし、ロマッツォの時代、つまりルネサンスも後期になると「自然」をそのまま写し取ることへの反発が生まれます。「マニエリスム」と呼ばれる絵画様式の誕生です。絵画に数学を持ち込み、きちんとした尺度をもちいて「自然」を表現しなければならないと考えたルネサンス初期の芸術論に対して、ときには規則に反するように見えるものの方が美しいという反論がなされるようになりました。

> われわれはしばしば、ある場合には腕を伸ばし、ある場合には腕を縮めた格好で、腰を屈《かが》めようとしたり、立ち上がろうとしたり、また身体の向きを変えようとしている最中の人物を描くのだから、人物に優美さを与えようと望むなら、ある部分では寸法を引き伸ばし、ある部分では寸法を引き締めることが必要とされる。（ラファエロ・ボルギーニ『イル・リポーゾ』。強調は引用者）

ミケランジェロ・ブオナローティ（一四七五―一五六四年）やラファエロ・サンティ（一四八三―一五二〇年）は、実際、人物の「動き」を表現するため、意図的に尺度をずらした表現技法を用いました。そうした表現は、幾何学的な比例からは外れていますが、数学的な秩序の中に自然のイデアを追い求めるルネサンス初期の絵画論では、その「美しさ」を評価することができませんでした。

「自然」を正確に模倣することを目指すのが芸術だとすれば、芸術作品の価値は、その模倣の「正確さ」にあることになります。それは、芸術作品に「神聖性」が宿る根拠でもありました。芸術作品は、神が作ったイデアを正確に模倣することにおいて「価値」があると見なされたのです。しかし、そうすると規則からの逸脱を「価値」として評価することが困難になります。ミケランジェロの作品に「優美」が感じられるとしても、それが何に由来するものなのかを説明できないのです。そうしてミケランジェロの作品にみられる説明不可能なズレが、後に続く人にとっては単に真似するしかないものになった結果、「マニエリスム」が「マンネリズム」と評される原因にもなりました。

しかし、説明しがたい美（＝優美）が作品の中に現れていることは否定できない――その理論上の欠損を補うための議論が先述のロマッツォの議論でした。それは、芸術作品に感じ取られる「美」が何に由来するのかを説明するために必要だったのです。

あらためてロマッツォの議論を、今度は少し長く引用しましょう。

美とは、生き生きとしたスピリチュアルな優美〔＝恩寵〕である。〔…〕この美は、同じ神の相貌において、つまり、天使、魂、世界の物体という順序づけられて置かれた三つの鏡において輝く。〔…〕結局、物体の美とは、活気や優美の作用のことであり、物体の中にイデアが流入することによって輝くのである。

だいぶ思想的な前提が入った議論ですが、問題になっているのが相変わらず「イデア」であることはお分かりになると思います。それが「世界の物体」の本質をなすと捉えられている点も、またその本質が芸術家の「魂」に宿ると言われている点も、中世からの伝統に即した考え方と変わりありません。ルネサンス期に自然の観察が重視されたといっても、芸術家の表現すべきものが「神」の作った「イデア」であることは同じだったのです。ロマッツォの議論でも、「天使」というキリスト教由来の存在が大きな地位を占めていますが、基本的には同じ構図が用いられていることが分かります。

その中で注目していただきたいのは、「優美（grazia)」という概念です。それはロマッツォにおいて、神の「恩寵」として理解されています。先ほどミケランジェロの作品における「運動」の表現は、完全な自然の模倣ではないにもかかわらず「優美」をもつと言いましたが、その「優美」が、「神の恩寵」として捉えられているのです。「優美」と「恩寵」は、西洋語では同じひとつの言葉です。ロマッツォが用いたイタリア語だけでなく、ギリシア語（Xaris)、ラテン語（gratia)、現代の英語（grace）やフランス語（grâce）でも、「優美」と「恩寵」は同じ言葉で表現されます。そこでは身体動作について語られる「優美」が、神から与えられた「恵み」と考えられており、「自然」の幾何学的な把握から抜け落ちる「美」が「優美＝神の恩寵」と見なされているのです。

ヘルメス文書の「美」

このような考え方が芸術論だけでなく、思想史としても非常に重要な転換点を示していることが、ロマッツォにおける新プラトン主義の影響を見ることで浮かび上がってきます。先に引いたロマッツォの議論は、その細かな言葉遣いまで、マルシリオ・フィチーノ（一四三三―九九年）による『プラトン『饗宴』註解』に酷似していることが指摘されていますが（エルヴィン・パノフスキー（一八九二―一九六八年）は『イデア』（一九二四年）の付録において、二つのテクストを並べて収録し、その明確な類似を示しています）、そのフィチーノこそ「ヘルメス文書」の翻訳によってイタリア・ルネサンスの思想的変革を推進した人でした。その点でいえば、ロマッツォは、当時流行していた新プラトン主義の言葉を、芸術作品の「価値」を理論的に示すために用いただけだとさえいうことができます。

ルネサンス期における新プラトン主義の興隆は、フィチーノによるヘルメス文書の翻訳を発火点とするものでした。ヘルメス文書とは、紀元後一〜三世紀あたりに成立したと見られる著作群で、ストア派や新プラトン主義など、当時の哲学とキリスト教の教えを混合させた教説です。プラトンは紀元前五世紀から四世紀にかけての古代の哲学者で、キリスト教は紀元後一世紀ごろから影響力を持った宗教ですから、ヘルメス文書がそれらの思想に影響を受けて成立したものであることは疑いありません。

しかし、このヘルメス文書に登場する「ヘルメス・トリスメギストス」は、古代エジプトの知恵を司る神トートと同一視されました。後からきちんとその本の成り立ちが研究されたことで、その誤解は解かれるのですが、少なくともフィチーノによる翻訳がなされてから一五〇年ほどの間は、そう理解されました。それゆえに「ヘルメス文書」の発見は、当時の「常識」がすべて吹っ飛ん

マルシリオ・フィチーノ

でしまうような大きなインパクトをもったのです。ヘルメス文書が実際にヘルメス・トリスメギストスについて書かれたものだとすれば、哲学者として神聖視されたプラトンも、さらにはキリスト教の教えでさえ、ヘルメス文書の影響を受けて成立したものということになるからです。「ルネサンス期における新プラトン主義の興隆」は、少なくとも当時においては「新プラトン主義」の再興ではなく、まったく新しい「ヘルメス主義」というべきものとして盛り上がったものだったのです（イエイツ 二〇一〇）。

その新しい考え方は、制度として社会に組み込まれていたキリスト教全体を覆すものにはなりませんでした（それは内容の点でキリスト教の影響を受けています）が、当時大きな勢力になっていた「アリストテレス主義」に対する反撃の砦《とりで》として用いられることになりました。何しろ、キリスト教が成立する以前、アリストテレスやプラトンから遡ること数千年の時代に、それらを準備するような思想がすでに出来ていたというのですから、聖書を正しく理解する上でどちらの考え方を採用すべきか答えは明白だということになるからです。

フィチーノが牽引したルネサンス期の「反アリストテレス主義」が、近代科学を成立させる重要な契機になったことは次章であらためて検討しましょう。ここでは、新プラトン主義の芸術論への応用によって「美」という概念がどのように刷新されたかを見ていきます。

それまで「美」は、同じイデアであっても、コスモス（＝宇宙、秩序）の中で調和するものと理解されていました。神が作ったイデアは宇宙全体の中でうまく秩序立てられていて、互いに調和しあっているという考え方です。「秩序」というのはこの場合、神が住まう「天上界」のものと考えられています。ユダヤ・キリスト教において人間は、その天上の楽園から追放されて地上にやってきたことになっているので、その調和は地上では不完全なものです。「美」はその中で天上の秩序を地上で感じさせるものとして位置づけられました。

ヘルメス文書の思想をもとにした「優美」の考え方でも、基本的な構図は同じです。しかし、「優美」においてはイデアの秩序そのものから離れて「神の恩寵」という側面が前面に押し出されます。「優美」が美しいのは、イデアの秩序に合致するからではなく、神に愛されているからだと説明されるのです。その考え方は芸術論としては、先に見たように、幾何学的な規則に収まらない運動を「美しさ」を示すものとして示しました。この点を、もう少し大きな思想史の中で見てみましょう。

前述のように、ヘルメス文書は、キリスト教世界で力をもっていたアリストテレス主義に対抗する「反アリストテレス主義」の立場を形作りました。それは、後に「主意主義」と呼ばれるようになる考え方を採ります[8]（シュナイウィンド 二〇一一）。すなわち、神の救済はひとえに神の意志（＝恩寵）によるもの（つまり、主意的）だと主張されたのです。これは「主知主義」と呼ばれる立場に対立させられます。主知主義では、人間の側で世界についての知識を深めていくことが救済されるために必要な契機とされました。

救済はひとえに神の意志によるという主意主義の考え方が、教会の権威からの脱却を目指す欲望の流れと合致するものだったことは、前章でも見ました。免罪符批判に代表されるようなプロテスタント神学の反発は、救済に必要とされるものをコントロールする力を教会がもつことに対してなされたものでした。プロテスタント神学に先立つルネサンス期の「反アリストテレス主義」もまた、どのような徳を積めば救済されるかを教会権力が設定する主知主義に対して、救済はひとえに神の意志によるという立場を採ります。そして、その脱権力の志向が「近代化」に向けた大きな流れを作っていったのです。

「美」がイデアそのものの現れではなく、神の恩寵の現れと見なされるときにも、その思想的な立場が反映されているのがお分かりになるでしょうか。天上の秩序に属するイデアを地上に再現するのが芸術家の役割だとすれば、より多くの「美」に囲まれることで、地上は楽園に近づいていくことになります。しかし、反アリストテレス主義の立場からすれば、それは非常に不遜な考え方であることになるでしょう。救済されて神のもとに戻れることがひとえに神の恩寵によるのであれば、人間に必要なのは、一心に祈って魂の純粋性を確保することです。「優美」は、その中で、神の恩寵の現れだと考えられました。

イデア的な秩序に合致しないズレが奇跡的なまでに美しいのは、そこに神の意志が働いているからだと考えられます。イデア的な秩序は神が作ったものですが、神の意志は、すでに作られた秩序すらも超え出て、いつでも新しい恵みを与えることができる――主意主義の考え方は「優美＝恩寵」の重視というかたちで芸術論にも大きな影響をもたらしたのです。

繊細の精神と「オネット・オム」

こうした「美」にまつわる新しい考え方は、ある意味では当然のことながら、前章で見た「不可知論」にも関係しています。「優美」という概念は、一七世紀に入って「私にはよくわからないもの

(le je-ne-sais-quoi)」という言い回しの流行として、広く人口に膾炙するものになっていきました。「優美」というのは、前述のように幾何学では捉えられない「美」を示しますが、一七世紀に入ると、概念的な思考を超えたものという意味で用いられるようになっていきます。

例えば、ブレーズ・パスカル（一六二三―六二年）は「幾何学の精神」と対比される「繊細の精神」を重視し、「私にはよくわからないもの」の価値を積極的に擁護する議論を展開しました。

人間のむなしさを十分に知りたければ、恋愛の原因の結果を考察するだけでよい。その原因は「私にはよくわからないもの」なのに、その結果は恐るべきものだ。この「私にはよくわからないもの」、あまりに繊細で目にも留まらないものが、あまねく大地を、王公を、軍隊を、全世界を揺り動かす。

クレオパトラの鼻。もしそれがもう少し小ぶりだったら、地球の表情は一変していたことだろう。（パスカル『パンセ』（ラフュマ版）断章番号四一三）

この有名な「クレオパトラの鼻」の例は、一般には歴史に「イフ（if）」を持ち込むものと考えられています。ほんの少しの違いで歴史は変わっていたかもしれない、というわけです。でも、この文章でパスカルが言おうとしているのは、人間は自分には知り得ない「ほんの小さなこと」で運命に翻弄されるむなしい存在だということです。そしてこの「人間のむなしさ」についてのパスカルの議論の背景には「神の恩寵」についての考え方がありました。人間の運命は、ひとえに「神の恩寵」に委ねられており、「クレオパトラの鼻」の「優美＝恩寵」にそれが現れている、ということです。「クレオパトラの鼻」の美しさは神の意志の現れなのですから、「もしそうでなかったら」などと別の可能性を考えられるものではありません。しかし、理屈の上では取るに足らないようにみえる小さな違いが、人間の運命を大きく変えるような力をもつということをパスカルは言おうとしています。「私にはよくわからないもの」は、神の恩寵＝優美を現すものとして、人知を超えた機能をもつと考えられているのです。

この「私にはよくわからないもの」は、知性によってではなく、感覚によってのみ摑まれるものと考えられました。この時代に「趣味」という概念が重要視されるようになった理由はそこにあります。「趣味（taste, goût）」は、味覚と明確に関係づけられた言葉です。つまり趣味は、概念的な思考とは遠い、個々人の感覚に基づくものとみなされます。しかし、感覚に基づくからといって、趣味の「よい／悪い」の判断は決して主観的なものであるとは考えられませんでした。それはむしろ、普遍的なものと考えられます。

> 趣味は魂に属する自然的感覚であり、人が獲得するあらゆる知から独立している。〔…〕良き趣味は、実直な理性（la droite raison）の最初の動き、つまり一種の本能であって、理性を敏速に引き込み、理性がなしうるあらゆる推論より確実に理性を導く。（Bouhours 1687, pp. 381f.）

知性にとっては「よくわからないもの」を感じとる繊細な感覚を研ぎ澄ませることで「優美＝恩

籠」の現れを知ることができるというわけです。趣味の判断は、そこでは「繊細の精神」によって磨かれるものと考えられました。

判断の道徳は、知性の道徳を軽蔑する。なぜなら、判断の道徳は規則にとらわれないものだから。

というのも、ちょうど学問が知性の領域であるように、判断とは直感が関与する領域だからだ。繊細は判断の持ち分であり、幾何学は知性の持ち分である。

哲学を軽蔑すること、それこそが本当に哲学することなのだ。（パスカル『パンセ』（ラフュマ版）断章番号五一三）

ブレーズ・パスカル

「軽蔑すること」が哲学になりうるかについては、ここでは判断を控えます。パスカルが時折示す、こうした高邁さには辟易するところもありますが、ともあれ、ここで「規則」にとらわれない「直感」に基づいた「判断」が「知性」に対して優位なものと見なされていることは見やすいと思います。ちなみに、ここで「軽蔑」されている哲学とはデカルトの哲学のことですが、パスカルによれば、デカルト哲学は「知性」に偏りすぎていて、世界を幾何学的な規則によって理解しようとするために「私にはよくわからないもの」の領域を見落としてしまうと見なされました。

次の章で再び立ち入って検討しますが、デカルトは当時「機械論」を唱え、物理現象を部品の組み合わせのように理解しようとしていました。パスカルによれば、それは世界がもつ「優美＝恩寵」を無視することです。そこにあるのは、ちょうどマニエリスムがルネサンス初期の幾何学主義を批判したのと同じ構えになります。デカルトの機械論は、物理学として十分に「運動」を説明できない点で後に批判されることになりますが、その構図はマニエリスムによる批判にすでに示されていたと考えることができるのです。

ただ、哲学の分野では有名なこのパスカルのデカルト批判には、ほとんど同型の下図がありました。それは、パスカル自身が友人のシュヴァリエ・ド・メレ（アントワーヌ・ゴンボー）（一六〇七―八四年）から受けた批判をほぼそのまま踏襲しているのです。

パスカルくん〔…〕きみは、あいもかわらず、幾何学のうさんくさい証明によって、誤りの中におちこんだまま、そこからぬけ出そうともしない。先日も議論しあったように、きみが例の小物体が無限にまで分割可能であるなどということを主張しているかぎりは、ぼくは、きみが数学病から完全に直っていないようだと思わずにはいられないね。〔…〕この感覚でとらえうる自然界の向こうに、もうひとつの見えない世界が存在することを、ぜひきみに告げておきたい。この世界においてこそ、きみはもっとも高い知識にたどりつけるのだということも。物の世界のことしか知ろうとせぬ連中は、一般に、判断力もにぶいし、また、つねに雑だ。きみがあれほど尊敬しているデカルトのように。〔…〕このような間違いをデカルトにただしてやっているひまはないので、きみにはぜひ、知っておいてもらいたいのだ。この目に見えぬ世界、無限の広がりをもつ世界においてこそ、人は、すべての理由と原理を、もっとも秘められた真理を、自分の研究するすべてのものの適合性、正当性、均衡、またその真の原型と完全な概念を発見することができるのだということを。（パスカル 一九八一、三一一―三一九頁）

多少なりとも軽薄な調子で語られる友人メレの忠告が、そのままパスカルのデカルト批判に引き写されているのは明らかでしょう。このあたりがパスカルの実直さというか、もっといってしまえば「ダサさ」を物語っていると思うのですが、実はその「ダサさ」との対比で浮かび上がってくるメレの軽薄さが、まさにこの当時「優美＝恩寵」として称賛される振る舞いだったことを見逃してはなりません。メレは社交界で一目置かれるためのハウツー本を書いたことで有名ですが、そこで重視されたのがまさに「優美」だったのです。

フランソワ・ド・ラ・ロシュフコー（一六一三―八〇年）は『箴言集』で「美しさとは別個の、感じのよさなるものについて語るとすれば、それはわれわれの知らない法則にかなった調和である」（『箴言集』二四〇）と書いていますが、ここで言われる「感じのよさ」は、当時流行していた「私にはよくわからないもの」を指しています。[9]「美」と「優美」の差異が当時の人々の間でしっかり共有されていたことも、ここから知ることができるでしょう。メレは、ロシュフコーのいう「感じのよさ」を社交界で成功するために必要な素質として位置づけたのです。

感じよくあろうとするよりも、より美しくあろうと努めるご婦人方は、よろしくありません。長く愛されようというのなら、美しくあろうとするのは世界でもっともよくない方法です。〔…〕いつでも愛されるのは、よく設《しつら》えられていたり見た目が整っていたりすることよりも、優美＝恩寵がいたるところに付いて回ることなのです。（Chevalier de Méré 2008, pp. 38f.）

「美」と「優美」の区別が、しっかり社交界での処世術として位置づけられているのがお分かりになると思います。メレもまた、この優美を「私にはよくわからないもの」と言い換えていますが（*ibid.*, p. 44）、それは当時「オネット・オム（誠実な人）」という名で理想化された社交界での振る舞い方を示すものだったのです。

さて、ここに「ＧＡＣＫＴ様、マジで神」と称える感性がキリスト教神学と交わる点が見出されます。「上流階級」や「セレブ」に憧れる感性が、そこで超越的なものとの関わりで語られうると考えられるのです。一七世紀の社交界では、前世紀からの印刷術の発展によってハウツー本が流行しました。それまではごく一部の人たちの間に閉じられていた「上流階級」の世界が、努力次第で辿り着けるかもしれないものとしてイメージされるようになったとき、そこで重視されたのが「美しさ」、とりわけ「優美」でした。

「優美（カリス）」は、「カリスマ」と同じ語源の言葉ですが、神から与えられたかのような「美しさ」が、憧れの対象として位置づけられました。そうした感性には、世俗的な社会における「美」を称賛する側面とともに、キリスト教神学に枠づけられた「神聖性」を賛美する契機があると考えられます。「上流階級」の人々がもつ「優美」が、神による「恩寵」を示すと見なされる回路がそこに見出されるのです。

「尊さ」を求めて

しかし、そうしたかたちで「尊さ」を求める人々の欲望は、そこでも「物語」の中に閉じ込められているといわざるをえません。芸術作品を神聖視する教養主義の「大きな物語」であれ、資本主義社会の中で消費される「小さな物語」であれ、あるいはキリスト教神学に回収されるような「神話」であれ、「美」の価値は特定の枠組みを前提にしてはじめて成立するものになっています。では「尊さ」への欲望は何らかの物語に回収されることなしには成立しえないのでしょうか。「私にはよくわからないもの」の不可知論を、キリスト教神学における「恩寵」の枠組みから離れて、「私」という枠組みを解体するものとして読み替えていく可能性を考えなければならないと思われます。何かを「美しい」と称賛する私たちの感性は、決して「自然」なものではなく、特定の社会的な文脈の中で方向づけられていると考える必要があるのです。

Ⅲ

科学

「進歩」への欲望

深度0　二〇二〇年：「科学」の信仰

近代社会の成立は、科学の発展と分けて考えることはできないでしょう。科学技術の発展によって、私たちの生活は豊かになり、かつては想像もできなかったことができるようになりました。その「栄光」があまりにも輝かしいものであるために、「科学的」という言葉が、そのまま「正しい」と同義であるかのような錯覚が、広く社会的に共有されているように見えます。

試みにGoogle検索で（その検索結果は筆者の使用環境に応じてカスタマイズされていますので、一般性を保証するものではありませんが）「最新の科学によれば」とフレーズ検索してみてください。ＮＨＫの教育番組からスピリチュアルなサイトまで「最新の科学」という言葉だけを根拠に議論が展開されている例をたくさん見つけることができると思います。そこで「最新の科学」と呼ばれているものの正体は明らかではありません。もちろん、それらの中には一定以上の確度をもって実証されているような研究領域を推測できるものもありますが、そうでないものもたくさん含まれています。

重要なのは、根拠が明示されていない事柄でも「最新の科学」という言葉が示されるだけで、十分な説明だと受けとめられていることです。「最新の科学」といわれるだけで、その内容を吟味しないまま、説得できる気になっていること、そしてその点を読者の側も特に気にしていないことが、「科学」がひとつの魔法として機能していることを示しています。

たまたま見つけたアメリカの科学ジャーナリストの本の中から、科学幻想の根深さを測る実例を示しておきましょう。広く知られているものとはいえませんが、科学主義の楽観性を示すにはちょうどよいと思われます。『Think 疑え！』というタイトルを付けられたその本では、何事もしっかり疑って自分で考え、きちんとした科学的な根拠に基づいたものを頼りに生きるべきだという主張が展開されています。「迷信を信じてはならない」という古典的な啓蒙が「若者」に向けて語られているのですが、興味深いのは「迷信を信じるな、しっかり疑え」と主張する著者が、「科学」については読者に疑うことを許していない点です。

誤解しないでほしいのですが、私は決して「科学は万能だ、不合理な思い込みを一掃できるものだ」などと言っているわけではありません。科学が悪いものになり得る可能性は十分にあるし、実際にこれまでもずいぶん過ちを犯してきました。〔…〕科学はそんな諸刃の剣なのです。けれども、人類の役に立つものであることは間違いありません。（ハリソン 二〇一四、二八―二九頁）

著者は原子力の核兵器への利用や環境破壊など「科学が悪いものになりうる可能性」を公平さを装いつつ示していますが、そのような文章の後に、特段の根拠を示すことなく「役に立つこと」は「間違いない」という断言が続いています。

せっかくこの著者が自分で挙げている「科学が悪いものになりうる可能性」について、まったく何の吟味もしないまま「役に立つ」といわれても、読者はどのような意味で「役に立つ」のか、かえって分からなくなるでしょう。あたかもこの著者にとっては「科学が役に立つ」ことは世界共通の認識になっているので、今さら根拠を挙げる必要などまったくないかのようなのです。「迷信を疑え」という著者が、読者に示してみせる実践例としてはあまりにも頼りないといわざるをえないでしょう。「疑え」といいながら、著者のいう「科学」については鵜呑みにせよというのなら、それが著者の批判する宗教的言説とどう異なるのでしょうか。

もちろん、ひとりの科学ジャーナリストの議論を参照しただけでは「科学」に対する信仰の一般性を示すことにはなりません。多くの科学者は客観的な議論を積み重ね、信頼しうる知の基盤の上に科学を進歩させている、と信じ続けることはできます。しかし、少なくともここで問いを立てることは許されるでしょう。科学はなぜ信じられるのか――その信頼の根を掘り起こすことが、この章の目標になります。

深度1　一九六二年：クーンの「通常科学」

「科学」への信頼の根拠

科学はなぜ信頼できるのでしょうか。信頼の根拠は、科学者たちが専門家集団として客観的な根拠をもとにしっかりとした議論を積み重ねているはずだと考えられるところに求められるように見えます。人文学も「人文科学」と呼ばれたりしますが、「科学」という言葉が「客観的な議論の積み重ね」を基礎とするものを意味すると、人文学は果たして「科学」なのか、という疑問がしばしば呈されます。例えば哲学などは、少なくとも一般的なイメージでは、それぞれの哲学者が「自分の考え」を述べるだけで一向に話が積み上がらないものと考えられているように思います。そこには「進歩」という概念が欠けているというわけです。

「科学」はそうではなく、科学者たちが共同で客観的な知を積み重ねるものであって、そちらの方がよっぽど信頼できるといわれます。誰かが恣意的に設定したルールの上に成立するものではなく、同じ知の基盤の上で客観的な議論を積み重ねているのだから、素人がその内容の一々について専門的な知識をもっていなくても、十分に信頼できると見なされるのです。

　科学者たちの現場にもう少し近寄って見れば、その信頼の基盤は、より強固なものになるでしょう。科学者が「科学者」として認められるには、専門研究でしっかりした業績を上げ、承認を受けなければなりません。論文を発表する専門誌は、ピア・レビュー形式を採るものがほとんどで、掲載の可否を決定するのはその道の専門家です。専門家が専門家としてきちんと評価できる論文以外は、科学者の「業績」としてカウントされません。この専門家によるチェック機能が、科学は信頼に足るという確信をより確かなものにしてくれます。論文の内容について素人には判断できなくても、専門家が競争原理に基づいて互いにチェックしている体制があるのだから、信頼に足ると考えることができる、というわけです。

科学者の現場

しかし本当にそうでしょうか。そうした「専門性」はなぜ無条件に信じられるのでしょう。トーマス・クーン（一九二二―九六年）という科学史研究者の議論を参照してみましょう。ここでも歴史を振り返ることが重要です。今日私たちがよく知っている高い専門性に依拠した研究体制は、クーンによれば、科学の普遍的なあり方ではありません。それは「通常科学」と名づけられる特殊な様態だといわれるのでした。

通常科学とは、クーンによれば、すでに出来上がった「パラダイム」[1]を前提にした上で展開される「科学」だといわれます。パラダイムとは、科学研究において科学者に共有されている規則や基準のことです。通常科学は、パラダイムを前提にした上での「パズル解き」にすぎず、それによって新しい考え方をもたらすことはないとクーンは主張しました。こうしたクーンの議論は、一見すると「科学」に対する信頼を揺るがす大胆な批判のようにも聞こえます。あるいは単に悪意をもって外野から投げられるナイフのようなものにすぎないと思えるかもしれません。

しかし、クーンの議論は、科学者たちから現場をよく分かっているとして支持されました。[2]クーンがいうことの方が、科学者の実態に近いと見なされたのです。もしそうだとすれば、専門外の人間は実際には何を信頼しているのでしょうか。クーンのいう「通常科学」の内実をもう少し立ち入って見ていくことにしましょう。

今日の科学プロジェクトは、しばしば大きなお金と大掛かりな装置を必要とします。しかし、失敗する可能性のあるものに思い切って大きなリソースを割くことには、ふつうリスクが伴います。無駄になるかもしれないのに、そんなお金と労力が費やせるかというわけです。しかし、通常科学には、広い意味ではそのリスクは存在しません。巨額の装置の導入は「それを使えば重要な事実を見つけられる、とパラダイムが保証するから、研究者たちが取りかかるもの」（クーン 一九七一、二九頁）になっているからです。パラダイムを前提にする限り、こういう結果が出なければおかしいという「予測」があります。そのとき、パラダイム自体の正しさは前提になっていて、吟味の対象にはなりません。

そのようなかたちでパラダイムの「正しさ」が確信されている状態であれば、どれほど巨額の予算をかけた実験でも決して無駄になることはありません。仮に実験結果がパラダイムの予測に合致しなかったとしても、「なぜそうなったのか」という新たな課題が見出されたと考えられるからです。予測と結果の不一致は、パラダイムを疑うことに向けられるのではなく、パラダイム上の検討課題を増やすことになります。そこでは実験の失敗もまた広い意味で科学の「進歩」に貢献したものと見なされるのです。

パズル解きの「進歩」

では、そのときの「進歩」とは、どういうものなのでしょうか。通常科学がパラダイムを前提にして浮かび上がる予測を実際に確かめるものだとすれば、「答え」はあらかじめ与えられているとも考えられます。「答え」が与えられている問題を解くことは「進歩」といえるのでしょうか。「通常科学」が、あらかじめ設定された「答え」に辿り着くための努力である限りにおいて、それは「パズル解き」と同じだとクーンがいうのも、そのためです。ルールが設定され、解答があることを保証された問題を解く科学者は、問題設定に悩む必要がありません。彼らはただ、パズル解きの速さを競うだけです。だとすれば科学の「進歩」と呼ばれるものは、パラダイムを下絵にしたジグソーパズルのピースを埋めていくようなものになるでしょう。そこでは、下絵自体を書き換えることは想定されていません。ゲームのルール自体を変えれば、個々の科学者の研究の「意味」は宙に浮いてしまいます。ジグソーパズルのピースは、それだけでは絵をなさないのです。

かといってパラダイムの下絵がない状態で与えられたピースを組み上げることで何らかの「絵」をつくることができるかといえば、それも困難といわざるをえません。「科学者」になるための訓練に、そうした能力を養うことは含まれていないからです。「通常科学」の問題がパズル解きだとすれば「科学者」になるために必要なのは、パズル解きの訓練になります。より早くパズルを解く能力を身につけるには、パラダイムの正しさを検証して知を積み上げる訓練より、パラダイムを前提にした上で効率よく学ぶことを優先されます。実際、科学者になるための教育には主に「教科書」が用いられ、その分野を基礎づけるような独創的な科学論文が使われることはありません。[3] 基盤となる知をそれぞれの科学者が自分で確かめながら進むより、その正しさを前提とした上で系統的に学ぶ方が、学習効率は高いと見なされるのです。

しかし、そうすることで科学者は「そのパラダイムへの信頼を教えこまれ、それを変えようと志す科学者はほとんどいない」（クーン 一九七一、一八七頁）ことになります。こうした教育は、特定のパラダイムの枠組みを思考の型として嵌め込むものになるわけです。その教育は「しかし、通常科学的研究、教科書の定める伝統の中でのパズル解きのためには、これで科学者としての道具立てを十分与えた」（同頁）ことになります。科学の「専門家」とは、そうしてパラダイム自体を見直すことにかけては何の教育も受けていない人々を指すようになるのです。

「科学」への信頼の基盤は、専門家同士の相互チェックに見出されると先にいいました。しかし、そこでの「専門家」とは、特定のパラダイムを共有する科学者集団を意味しています。クーンがいうように、科学者たちは「個人の創造的仕事が、自分の同業者に対してのみ向けてなされ、仲間うちだけで評価されるというような職業集団」（同書、一八五頁）を形成します。その「仲間うちの評価」が、専門家同士の相互チェックと呼ばれるものの正体なのです。もちろん、科学者たちが馴れ合いで論文の審査をしているということではありません。科学者たちはむしろ、通常科学のパズル解きの中で互いに競争しながら、互いの成果を評価しているといえるでしょう。

しかし、その高い専門性は、見方を変えれば、分野外の批判から専門家を守る働きをしているようにも見えます。その分野で前提にされる知の枠組みは、内部で問われることがないだけでなく、外部からの批判も受け付けないものになっているのです。通常科学の営みは、専門の枠組みに閉じることで効率化するような体制の中で行われているのです。

そうしたかたちでの知の蓄積は、パラダイム自体の変化に対する強い「保守性」を発揮することになるでしょう。パラダイムの上に積み重ねられた知は、パラダイムの枠の中で意味づけられるものですから、自分の研究の「意味」を失わせるような研究は容易に受け入れることができなくなります。専門家間のピア・レビューのシステムは、この点に関しては、大きなマイナスとして作用するほかありません。自分たちの拠って立つ知の基盤を吹き飛ばすような革新的な論文は、「専門家」にとっては「とんでもないもの」としか評価できないのです。「科学者」としての業績が専門家間のチェックにのみ依存する体制を採る限り、そのような革新的な論文を書く人は最初から「科学者」として認められないことになるでしょう。

パラダイムを前提にした科学の「進歩」は、その意味で、パラダイム自体を変化させていく知の更新をもたらすものへの本質的な反発をもつものになっているのです。

「科学」の資本主義化

こうした知の閉塞は、科学が資本主義と接続することで強化されていきました。冷戦構造の中、国家の「科学技術」の向上が重視された時代には、無条件で科学にお金が回る状況もありましたが、一九九〇年代以降、企業資本が科学研究を後押しする流れが出てきます。「パズル解き」の進展も、科学者のコミュニティの中で独立に進むものではなく、「お金になること」が求められるようになりました。

このことは、それまでは閉鎖的だった科学者のコミュニティが社会のニーズに開かれたものになったと評価できるようにも思えます。科学者の専門家集団が内部の相互評価だけで成立していた状況から離れて、外部の視点を取り入れはじめた、と。そうすることでパラダイム自体を見直す視点が出てくるかもしれないと期待する向きもあるでしょう。

しかし、実際には知の閉塞は、科学の資本主義化によっては解消されず、反対に著しく強化されました。まず第一に、科学の資本主義化によって、科学への信頼が専門家の相互チェックに委ねられる状況には変化がありません。専門家集団の外部から示されるのは「社会的・経済的なニーズ」であって、科学的な知自体への批判的な眼差しではないからです。むしろ、科学の「進歩」は前提になっており、それゆえに多額な資金の投入も許容されています。

他方でその資金の投入の目的は、科学の純粋な「進歩」ではなく「お金になること」になりました。科学者集団の中のパズル解きを目的とするのではなく、それを産業に結びつけることが求められました。「通常科学」がパズル解きを問題にする限り、専門家の数が増え、発表される論文の数が増えれば増えるほど、無条件的に「進歩」すると考えられます。科学の「進歩」とは、知のパズルのピースを埋めることだったからです。しかし、科学の「進歩」が経済の成長を目的とするものになれば、その成否を測る基準はパズル解きとは別に設けられます。それだけの市場価値をもたらしたのかということが、研究の成否を測る基準になるわけです。

研究の評価基準が変化すれば、当然のことながら科学者の研究の動機も変わってきます。科学者集団の相互評価だけが問題だったのが、経済効果の創出という観点で研究主題が設定されることになり、それが科学者の「社会的責任」と見なされるようになるのです。そうした評価基準の変化と無関係に、科学者としての「よい振る舞い」を考えることはできません。科学者集団の相互評価が問題だった頃には、「科学者」として誠実な研究態度を採ることが科学者自らの存在理由に関わる重要なエートス（＝習慣的な振る舞い）でした。

しかし、資本主義が道徳的な「正しさ」を設定するものだったことを思い出していただきたいと思います。経済的な利益を高めることが科学者の社会的責任であるなら、統計処理に表面化しない程度の手を加えることや、都合のいいデータだけを用いて結果を出すことも、十分な「経済合理性」をもつ行為になります。専門家集団の間での相互評価が、それ自体で経済的な動機づけをもつようになれば、「真理の探求」などというお金にならないお題目を唱えることは「自己満足」以外の何ものでもなくなるわけです。

例えば、ＡＩを用いた生産作業者の動作解析によって現場の作業ミスを防ぐという技術が先ごろ紹介されました。これは生産現場の効率を高めるため、現場作業者の様子を映像に撮ってＡＩで解析し、その作業を行うにあたって最適な動作とはどのようなものかを明らかにする、という技術です(栗原 二〇一九)。この研究の「優れている点」は、実際の作業が行われている場面を映像で撮りながら最適な動作から逸脱した動きをしている現場作業者に警告を出せることにある、とされています。現場作業者に効率のよい動きをさせ、作業効率を高めるためにＡＩ技術が活用された事例だというわけです。

こうした研究は、企業の経済的な利益に直結しますから、一面では「社会のニーズ」に応えるものだといえるでしょう。実際、企業担当者はこうした新しい技術に接して、その効果はいかほどのものか、自社にも応用できるかなどと、研究を重ねていくことになると思われます。

しかしながら、こうした研究は、経済的な利益をもたらすものではあっても、現場作業者の福祉に資するものではありません。ＡＩによって動作をその都度矯正される現場作業者は、自分の身体を生産システムの一部に組み入れることを強制され、極端な不自由の中におかれます。心を無にし、身体を機械の一部として動かして時が過ぎるのを待つという労働形態がそこに実現することが容易に想像できます。現場作業者は、その職業を自らの「自由」において選択したのだといえば、雇用者の倫理的責任は免れるのかもしれません。しかし、少し広い視野で考えれば、職業従事者を徹底した管理のもとにおくことが、社会にとって本当に「進歩」といいうるものなのか、筆者には疑問に思われます。

ひとつの極端な例を見ました。しかし、それでもこの例は、研究成果の評価が経済的な利益を基準にすることで起こる視野の狭窄の可能性を示しているように思えます。経済的な利益が出ることで研究が評価されるのであれば、研究者もまた、その目先の目的を達成するために最適化した行動をとることになるでしょう。何らかの倫理的なガイドラインを設けることはできても、そもそもの研究の動機に、広い視野での社会的な「正しさ」の実現が含まれていなければ、科学の「進歩」の行く先は、経済的な利益に先導されることになります。資本主義化した科学において知の閉塞は、単に解消されないばかりか、強化されることになるわけです。

科学の「革命」

科学の「進歩」は、こうして、通常科学のパズル解きから離れて、資本主義社会の発展を意味するものになりました。「科学は進歩する」という考え方は、漠然とした専門家への信頼を示すと同時に、経済的な領域での「イノベーション」を期待するものになったのです。では、このようなかたちで「進歩」する科学に対して、私たちはどのような信頼をもちうるでしょうか。科学の「進歩」と呼ばれるものが、資本主義的な視野の狭さで手近な「役に立つこと」を求め、自らの営みを批判的に見直す視点を欠く方向に流される可能性をもつとすれば、そうした流れを批判し、「通常科学」の全体を検証する視点を確保することが必要です。

しかし、パラダイム自体を更新するような知のあり方は、通常科学の産業化によって極端に発生しにくい状況におかれています。予算もつかず「専門家」とも見なされないような知のあり方は、この社会では持続する可能性を奪われているのです。そのような状況のもとで、なお科学において「革命」と呼びうる変革は、いかにして可能なのか。パラダイム自体の批判とは、具体的にどのように立ち現れるものなのでしょうか。私たちが拠って立つ科学の信頼をあらためて確保するためにも、「THE・科学革命」といわれる歴史的な転回においてどのような変化が起きたかを見たいと思います。すなわち、コペルニクス的転回とニュートン力学の導入です。

パラダイム・シフトを起こす「科学革命」は、クーンによって"scientific revolutions"（科学革命）と複数形で書かれましたが、もろもろの「革命」の中で最初に位置づけられるニュートン力学は、コペルニクスの地動説と合わせて定冠詞付きで"The Scientific Revolution"と呼ばれます。そうしたパラダイム全体の変革において、どのような批判がなされ、人々の認識がどのように変わっていったのか——科学に対する信頼の基盤について、もう一段掘り下げて考えてみましょう。

深度4　一五四三〜一六八七年：近代科学の「パラダイム」

アリストテレスの「科学」

コペルニクスやニュートンがもたらしたとされる「科学革命」とは、どのようなものだったのでしょうか。それは、人々を迷信から遠ざけて合理的思考をもたらすものだったと漠然と思い描く方も多いかもしれません。しかし、それは明確に誤りです。「科学革命」の前にも「合理的思考」と呼びうる知の積み重ねはなされていました。それ以前のパラダイムにおける「通常科学」が展開されており、アリストテレス（前三八四―前三二二年）の哲学に基づく「科学」が整備されていました。それはしかし、現代の私たちが前提にしているものとは異なるパラダイムで、物体の運動は、そのものの自然＝本性を完成させるための変化と考えられていました。

高いところで手を離すと、石は落下しますが、現代の「物理学＝自然学（physics）」（“physics”は、ギリシア語で「自然」を意味する“physis”に由来します）では、重力がかかって石は落下すると説明されるでしょう。しかし、アリストテレスの自然学＝物理学では、その運動は、物の本性＝自然によって説明されます。石にとって「宙に浮くこと」は、「不自然」（＝そのものの本性に反する）なこととされ、石の落下は、その限りで、その「不自然さ」を解消するものと見なされました。自らの自然＝本性に立ち返ることが、落下運動を引き起こすと考えられたのです。アリストテレスにおける自然学＝物理学は、そうして物事の本性＝自然を明らかにする方向で整備されていきました。

こうした考え方は、今のパラダイムと比べてみるといかにも古臭く見えます。しかし、「メリット」がないわけではありません。現代の物理学は、人間の精神作用を物理法則で説明することに苦心

アリストレテス

し、まだ構造の解明の入り口にすら立てていない状況にありますが、アリストテレスの自然学＝物理学は、人間の行動についても同じ枠組みで説明可能な点で優れているともいえます。人間の本性＝自然の探求は、他のさまざまなものの物理学＝自然学と一貫する世界観の中で展開されたものだったのです。

もちろん、現代の目で見れば、まさにそうであるからこそ不十分なものだと思えるでしょう。何に対しても「自然＝本性」あるいは「イデア」という概念を当て嵌めて考えるなら、「神」が世界をそのように作ったのだといえばそれ以上の探求は不可能になるからです。そのものの本性をそれぞれに掘り下げて考えることはできても、最終的にはすべて「神学」に還元されるものになってしまいます。

だとすれば、やはり「科学革命」は、「神学」に彩られたアリストテレス自然学の迷信から離れて、合理的な思考をもたらしたのでしょうか。そのような判断は、それでも「誤り」といわなければなりません。というのも、アリストテレス自然学に最初の楔《くさび》を入れたコペルニクスの議論も、新しいパラダイムを完成させたニュートン力学も、ともにアリストテレスとは別の「神学」に基づくものだったからです。

コペルニクス地動説の思想性

科学史家の間ではよく知られていることですが、ニコラウス・コペルニクス（一四七三―一五四三年）は経験的観察に基づいてアリストテレス自然学を批判したわけではありません。コペルニクスはむしろ、彼の「思想」に基づいて世界の中心が「太陽」でないのはおかしいと主張しました。その根拠とされたのが「ヘルメス・トリスメギストス」、あのヘルメス文書の「神」です。ヘルメス文書をもとにした「神学」によれば、地球の方が動いているはずだというのがコペルニクスの議論だったのでした。つまり、それは単に異なる「神学」を提案するもので、それゆえ、立場の異なる人々を説得できるものではありませんでした。地動説を唱えたことで「科学革命」の最初の一歩を記したとされるコペルニクスの議論は、少なくとも当時は、説得力にかける議論と見なされたのです。

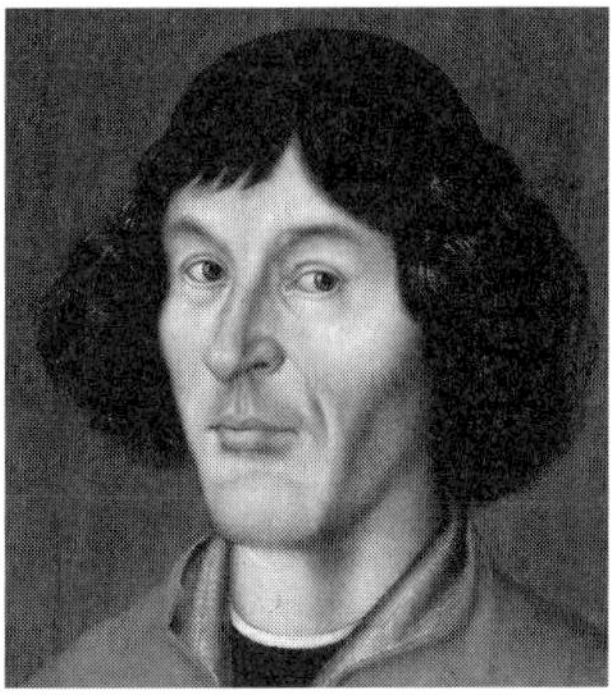

ニコラウス・コペルニクス

コペルニクスが単に異なる「考え方」を示しただけであったのに対して、当時のアリストテレス主義的な自然学者は、さまざまな実例をもとにしてコペルニクスの議論を批判することができました。もし地球が太陽の周りを回っているのだとすれば、地球は非常に高速で運動していることになるが、その動力は何か。また、その非常に高速な回転運動によって地上にいるものがまったく影響を受けないのはなぜか――いずれの問題についても、コペルニクスは十分な解答を示せませんでした。その点ではアリストテレス哲学に基づいた自然学からの反論の方がよっぽど「理路整然」としていて、コペルニクスの方は「神学」に基づく迷信を語っているにすぎないと見なされたのです。慣性の法則や重力の理論が整備されるには、さらに長い時間が必要でした。

コペルニクスの考え方は、それでもヘルメス文書の翻訳にはじまるイタリア・ルネサンスの大きなうねりの中で、多くの擁護者を得ます。アリストテレス自然学では説明できない物理現象が存在することは以前から知られていましたが、コペルニクスの擁護者たちは、その問題に取り組むことで自然学を刷新しようとしたのです。「落体の法則」に焦点があてられたのは、そのような文脈の中でした。

ガリレオの「落体の法則」

ガリレオ・ガリレイ(一五六四―一六四二年)は、自由落下する物の速さが、その重さに関係なく、加速度的に増加することを示しました。アリストテレス自然学によれば、物はその自然本性に従った場所に帰るとされます。石が空中に浮かんでいることはその本性に反しているので、そのような状態におかれた石は、自らの自然本性に応じて(つまりは、その重さに比例して)地面に帰ろうとすると考えられました。

しかし、それではなぜ落下速度がどんどん速くなるのかが説明できません。アリストテレス自然学はその点を「空気抵抗」という考え方で補いました。今日の物理学で考えられている「空気抵抗」とはまったく逆の作用なので分かりづらいかもしれませんが、物体が落下すると抵抗する空気が薄くなるとされました。速度が速くなるにしたがって摩擦が大きくなるのではなく、抵抗する物質が少なくなるため、速度がどんどん速くなるというわけです。

このアリストテレス自然学の説明は、今日の枠組みでは受け入れがたいものですが、一応は「落体の法則」を説明できます。それは少なくとも当時知られていた観察結果とも矛盾しませんでした。一説によると、ガリレオは、重さの異なる二つの物をピサの斜塔の上から落として見せ、重さによらない速度の増加を示したといわれています。アリストテレス自然学の誤謬が実験によって正されたとされる伝説です。しかし、それは神話にすぎません。ガリレオは実際に落体の実験をしましたが、彼の望む結果を得ることはできませんでした。ガリレオは重さにかかわらず物の加速度は同じであるべきだと考えたのですが、実験では、アリストテレス自然学の予想を支持する結果が出ました。つまり、軽いものの方が遅く落ちる結果が得られたのです。そこではアリストテレス自然学とは異なる意味での「空気抵抗」が検証を妨げました。

ガリレオ・ガリレイ

したがって、ガリレオが示すことができたのは、現実における実験ではなく、思考の枠組みだったという必要があります。ここにも「科学革命」の思想性が示されているということができるでしょう。ピサの斜塔の例は、近代物理学の金字塔といわれる事柄がいかに神話化されたものであるかをよく表しています。当時の実験で支持されたはずのアリストテレス自然学が、実験によって否定されたことになっているのですから。物語の力がいかほどのものかが窺い知れます。

ガリレオに「前進」があったとすれば、それは、アリストテレス自然学でもなお説明することができた落体の法則を数学的に記述したことに求められるでしょう。時間が経つにつれて速さが一定の比率で増大すること（$v = gt$）を、幾何学的な手法を用いて説明したのです。

ガリレオの数学的な記述は明快で説得力をもっていましたが、それだけではアリストテレス自然学を否定することにはなりません。単に同じ物理現象に対して二通りの異なる説明がなされているだけだからです。数学的に記述できるだけでは、どちらの説明が優れているかを判断することはできません。アリストテレスの自然学は物の性質（＝自然本性）を重視しますが、速さなどを数量で示すことにどれだけの意味があるのかは判然としませんでした。数量的な記述は、確かに実践には役立つかもしれませんが、「役に立つ」ということだけでは、それまで培《つちか》ってきた世界観を捨て去って、新しいものを積極的に採用するには及びません。そこで重視されたのはなお、世界の自然＝本性の理解であり、「役に立つ」からといって訳の分からない新しい世界観を受け入れることはできないと考えられたのです。

しかし、実際のところガリレオは、「新しい世界観」をトータルに提示するところまでは至りませんでした。というのも、なぜそのような落下が起きるのかを論理的に説明することができなかったからです。落下現象を数学的に記述できたといっても、その「原理」を明らかにすることはできませんでした。その点でいえば、アリストテレス自然学はなお盤石です。すべてのものはその本性に従うという世界観は、さまざまな物理現象だけでなく、人間の生き方や神の国についても説明しうる強力な「原理」として機能していました。物理現象をたまたま数学的に記述できたぐらいでは、アリストテレス自然学全体を揺るがすには及ばなかったのです。

ニュートンの「万有引力の法則」

では、落下はなぜ起こるのでしょう。外側から何の力も加わらないのに速度が増加していくというのは、考えてみればよく分からない現象です。単に手を離しただけで、石はなぜ速度を早めて落ち続けるのでしょうか。ガリレオが示せなかったその「原理」を明らかにしたのは、アイザック・ニュートン（一六四二―一七二七年）でした。「万有引力の法則」は「引力」という考え方を導入することで、離れた物の間に力がはたらいているという「新しい世界観」を示してみせたのです。

ニュートン力学のパラダイムにどっぷり浸かっている人にとっては、ここでやっと信頼に足る科学が成立するのかと思われるかもしれません。しかし、それは早計です。というのも「万有引力の法則」もまた、ひとつの仮説にすぎないからです。ニュートンの『プリンキピア』（一六八七年）でも、それは「定義」されるものであって、観察結果から導かれるものではありませんでした。原理のよく分からない物理現象に対して、万有引力の法則を仮定すると上手く説明できるというのがニュートンの主張だったのです。

実際、ニュートンの主張は、当時優勢だった別の考え方に比べて「非科学的」と批判されました。すなわち「新哲学」を牽引していたデカルトの機械論的な世界観からすれば、離れた物の間にはたらく「見えない力」を仮定することなど、魔術的思考に回帰することにほかならないと考えられたのです。実際、離れたものの間に重力がはたらくという「考え方」自体は、ニュートン以前にヘルメス文書に基づく思想の発展の中で広く共有されていました。地球が「磁気」を持っていて引力を発生させているという考え方は、ウィリアム・ギルバート（一五四四―一六〇三年）という思想家の影響で広く共有されており、ガリレオもまた影響を受けていたといわれています。

しかし、その「磁気」の働きは、実験的に検証されるものではなく、思想上の概念にすぎませんでした。落下現象をもたらす原因について、ガリレオも「離れたものの間にはたらく力」を想定していましたが、それは論理的にも経験的にも実証できない、ひとつの「神学」でしかなかったのです。ニュートンも「錬金術師」としての側面を持っていた人ですから、大きな枠組みで見れば、ヘルメス文書の思想の影響下にあったということができます。

アイザック・ニュートン

「万有引力の法則」という考え方を導入するにあたって、ニュートン主義者とデカルト主義者の間で論争が起こりました。観察技術が発達し、新しい観察結果がジグソーパズルのピースのように与えられた時期のことです。さまざまな物理現象をトータルで説明するための「パラダイム」の優劣が争われることになりました。しかし、どちらの陣営もまったく異なる仕方ではありますが、観察される物理現象を一通り説明することができてしまいます。デカルト主義者は、ニュートンの万有引力の法則を「オカルト」と批判し、すべての物理現象を「機械」の部品の組み合わせとして説明しました。デカルトによれば、世界は時計のような精密機械であり、神はその機械を作った技師のような存在と考えられたのでした。

他方でニュートンは、万有引力の「原因」の説明は放棄しましたが、非常に簡単な数式で「落体の法則」を説明することができました。すべての原因が分からなくとも、数学的によって美しく表現できる方が、正確に世界を描写していると考えられたのです。「重力の原因など、大胆にも私が知りうると考えられるものではない」(Newton 1958, p. 298) といいながらニュートンは、そこに「私にはよくわからないもの」の作用を認めたわけです (Scholar 2005, p. 149)。前章で見た、パスカルによるデカルト批判が別のかたちで展開されているのがお分かりになるでしょうか。

前章では、すべてを幾何学で説明しようとするデカルトの精神が「がさつ」なものと批判され、「神の恩寵」の作用を見出す美的な感性が重要だといわれていました。「私にはよくわからないもの」は、この時代、プロテスタント神学にも通じる不可知論の伝統の中で、積極的にその価値を評価されるものでした。ニュートンの物理学にとっても、万有引力に「私にはよくわからないもの」の作用を見ることは、理論としての不備を示すよりもむしろ、物理学の「敬虔さ」を表すものとして積極的に評価されるものだったのです。

新しい自然学＝物理学のパラダイムをめぐるデカルト主義者とニュートン主義者の争いは、私たちが知っているように、ニュートンの「勝利」に終わりました。しかし、それはニュートンのパラダイムの方がより「合理的」だったからというよりもむしろ、どちらがより「神学」として説得的だったかによっていたように思われます。ではニュートンが依拠していた「神学」とはどのようなものだったのか。もう少し立ち入って検討してみましょう。そうすることで、科学と呼ばれるものへの信頼の基盤も明らかになるはずです。

ニュートンの「神学」

ニュートンは万有引力の原因を、明確に「神」に帰しました。

太陽と諸惑星が互いに引き合うのはなぜか。〔…〕動物の体はどうしてこれほど技巧をこらして設計されたのか。〔…〕体の運動はどのようにして意志に従うのか。〔…〕このようなことが敏速にうまく処理されているのであるから、無形で、生命ある、聡明な、遍在する神が存在することは明らかではないか。(『光学』疑問二八、Newton 1782, p. 238)

こうしてニュートンは、万有引力の原因と有機体のメカニズムの設計をともに神に帰します。「いたるところに遍在する神は、われわれが自分の意志でわれわれ自身の肉体の諸部分を動かすよりも自由に、彼の無限の、一様な感覚中枢の中にある諸部分を、彼の意志によって動かし、そうすることで宇宙の諸部分を形成し、変革することができる」(同書、疑問三一、*ibid.*, p. 262)というわけです。私たち人間は自分の意志で自分の肉体を動かしているように思っているが、神の意志はいつでも自由に物理空間に介入してそれらを動かすことができるとニュートンは考えました。

こうした考え方は、「神の恩寵」を重視する同時代の「美」に関する考え方とも、「資本主義の精神」を生み出したプロテスタント神学の不可知論とも密接な関わりをもっています。ニュートンにとって、この世界に存在するものは「人間」も含めて徹底的に受動的な存在であり、世界のすべての事柄は神の意志と恩寵に委ねられているのです。[4]「能動性」は本来的には神にのみ認められる性質で、人間はその意志に従うしかないというのがニュートンの考え方でした。

このような無力な人間観は、近代科学のその後の発展を考えるとあまりに慎ましいものに見えるかもしれません。ニュートンは実際、「自然」についての知識を積み重ねることで、最終的に神の意志に迫ろうという強い意欲を表明していました。

> この〔ニュートンの自然〕哲学において進められる正しい一歩一歩は、ただちにわれわれを第一原因〔としての神〕へと導くことはないにしても、われわれをさらに第一原因に近づけるものであり、それゆえ高く評価されなければならない。（同書、疑問二八、*ibid.*, p. 238）

こうした知ることへの意欲が、近代科学の発展を支えると同時に「自然」に対する人間の支配を実際に拡大させてきたと考えられます。しかしそれでも、科学の「進歩」は、私たち人間には完全な「真理」は知り得ないという不可知論と表裏をなすものとして位置づけられました。

いろいろな物体において、われわれは単にその形と色だけを見、音だけを聞き、その外面だけに触れ、臭いだけを嗅ぎ、また味だけを味わうにすぎないのであって、それらの内奥の実体は、われわれの感覚によっても、あるいはまたわれわれの精神のどんな省察作用によっても知られるものではない。（ニュートン 二〇一九、二二八頁）

「私は仮説をつくらない」というニュートンの言葉は、一般にニュートンが自説の正しさを自負するものとして理解されていますが、しかしその言葉は「私はいままでに重力のこれらの諸性質の原因を、じっさいの諸現象から発見することはできなかった」（同書、二二九―二三〇頁）という告白の後に続けられたものです。万有引力の法則は、ニュートンにとって、物理世界の実相を明らかにするための仮説であるよりも、説明のためのモデルとして位置づけられていました。人間にできるのは部分的に合理的な説明を積み重ねることであり、その積み重ねが宇宙全体の秩序を明らかにすることは単なる期待としてしか成立しないと考えられたのです（部分的合理性の積み重ねについては、芦名 一九九九、一六五頁などを参照）。

ニュートンにおける原子論的世界観

同じ物理現象について異なるパラダイムで別の説明が与えられるのだとすれば、ニュートンの「説明モデル」は、どこまで有効なのでしょうか。ニュートンが前提にする「神学」の枠組みがどのくらい正当であるかを批判的に吟味することを抜きにしては、科学の「進歩」の辿り着く先を楽観して待つことはできないように思われます。実際、ニュートンの万有引力の法則は、キリスト教神学だけでなく、今日まで影響を及ぼしている特定の原子論的な世界観を前提にするものでした。

原子論的な世界観というのは、自然が「原子」によって構成されているとする考え方です。これは現在でも広く共有されている考え方なので、それがひとつの「思想」だといってもピンとこない人もいるかもしれません。世の中にある物質を原子の構造の違いとして理解することは化学の教科書などでも採用されていますし、それは「思想」などではなく「現実」だと考える人も多いでしょう。

しかし、観察技術の進化はむしろ「原子」と呼ばれてきたものが、私たちが想定してきたものとはまったく異なるものである可能性を示しています。よく知られていることではありますが量子力学の発展は、「原子」と呼ばれてきたものを「波」と見なす方がよい場合があることを明らかにしました。「原子」あるいはその現代版である「素粒子」は、粒子であると同時に波の性質をもつと考えられます。粒子は不連続的で場所を特定できるものですが、波は連続的で場所を特定できません。互いに矛盾する性質が同時にあるというのも不思議な話ですが、物理現象をより細かく見ていくとそうとしかいいようがない結果が出るのです。物質を構成する最小単位を探してミクロの世界に飛び込むと、自然は粒子の性質をもつものとしても、波の性質をもつものとしても考えられるということです。

これを単に「自然」なるものの驚異として見ることもできるでしょうが、そこで問題になっているのはむしろ、私たちの自然を見るときの思考の枠組みの方です。同一の物理現象を「粒子」として見ようと思えばそのようにも見えるし、「波」として見ようと思えばそのようにも見えるということが問題になっているのです。矛盾する二つの性質をもつものを統一的に理解できる思考の枠組みが、私たちには欠けています。ニュートンの力学が前提にした原子論的世界観は、今日の素粒子の議論よりずっと粗いものですが、幾度かの修正を経てなお、原子論的な世界観は私たちが物理現象を認識する際の主要な枠組みのひとつとしての地位を保っているのです。

現代の私たちが信頼している科学が特定のものの考え方の上に成立しているのだとすれば、その思考の枠組みを批判的に検討することが必要でしょう。そうした批判的検討の実践例として、最後にニュートンと同じ時代に存在した別の近代物理学のパラダイムを検討することにしましょう。

ライプニッツにおける「力」

ニュートンと同じ世代で、デカルトともニュートンとも違う世界観を提案した思想家がいました。ゴットフリート・ヴィルヘルム・ライプニッツ（一六四六―一七一六年）です。ライプニッツは数学の「微分積分法」の創始者の地位をニュートンと争ったことでも知られていますが、「自然学」でもニュートンと激しく優劣を争いました。ニュートンとライプニッツの自然学は実際、カントがニュートン陣営に鞍替えするまで、世界的に拮抗した勢力として別々に発展しました。「科学」の進歩とは何かを考えるためにも、もうひとつの「近代物理学」の可能性を覗いてみることにします。

ニュートンは原子論的な世界観を前提にして、万有引力の法則を定義しました。すなわち「絶対空間」と呼ばれる空虚な入れ物と原子によって世界が構成されているとイメージした上で「力」を質量をもつ原子同士が引き合う引力として定義したわけです。ライプニッツはしかし、「絶対空間」についても「力」についてもまったく異なる考え方で説明します。まず「力」ですが、ライプニッツは、ニュートンが「万有引力の法則」で説明したガリレオの加速度の問題を、別の「力」概念で説明してみせました。すなわち、「力」は「コナートゥス（conatus ＝傾動）」と呼ばれるものだとされたのです。

分かりやすいイメージを先に提示すれば、この方法は「エネルギー」を基礎にして「力」を考えるアプローチに似ています。宙に浮かんだ石は「位置エネルギー」をもっていると考えられますが、その「エネルギー」はまだ実際の物の動きとしては現れていません。コナートゥスという概念は、そのような「物体内部に存する潜在力」を指すものとして導入されました。コナートゥスがあるだけではまだ具体的な運動は起こっていませんが、「宙に浮かんだ石」には、その後に運動となって現れる「力」が潜在しているとライプニッツは考えたのです。

ゴットフリート・ヴィルヘルム・ライプニッツ

これは実は、アリストテレス自然学＝物理学の近代物理学への展開といいうるものでした。先に見たようにアリストテレスの自然学では、そのものの自然＝本性に運動が内在していると考えられました。「不自然」な状態におかれたものは、その本性にしたがって、自らにふさわしい場所に動くと考えられたのです。ライプニッツは物に内在する「本性」を、そのものが潜在的にもっている「力」といいかえることで、近代物理学の文脈に置き直したと考えられます。「力」は、ライプニッツにおいては数学的に表現されるものですが、それはものの本性＝自然を数学的に記述することを目指すものでもあったのです。

その力は、どのように数学的に記述されたのでしょうか。潜在力＝コナートゥスは、時間が経つごとに現実化していくものと考えられます。つまり、それは dv/dt という式で表現されます。v は速度で、t は時間です。dv や dt という私たちにもいくらか馴染みのある微積分の表記法はライプニッツが考案したものですが、それは微小量の速度や時間を示しています。dv/dt は、微小時間あたりの微小な速度の変化を示すものになります。「コナートゥス」は、それゆえ、微小時間あたりの速度の変化の可能性を示すものとして、まだ現実化していない潜在力を表現しているのです。

「微分」という計算方法自体、近代数学の発展を巡ってニュートンと先取権を争ったということを先に述べましたが、それはライプニッツの自然学における重要な概念を示すものとして導入されていたことが分かります。無限小の時間（dt）にどれほどの変化（dv）をもたらすかという潜在力が「コナートゥス」と呼ばれているのです。

ガリレオが見出した「加速度」とは、そう考えれば、この「コナートゥス＝力」にほかなりません。dv/dt という微分の式は、時間に応じて速度がどのように増えるかを示す限りで、「加速度」という概念を定義するものになっています。$F = g\ m_1\ m_2/d^2$ というニュートンの万有引力の方程式はライプニッツではより簡潔に $F = m\ dv/dt$ と表現されることになります。ガリレオが示したような落下運動であれば、dv/dt は時間の変化によらず一定で、そこで働く力（F）は、物体の外から作用するものではなく、物体の運動を発現させる潜在力として物体に内在すると考えられたのです。

このように考えるなら、離れたものの間で遠隔的に作用する力という「オカルト的」な仮説を持ち出す必要はありません。「力」は、ライプニッツにとっては潜在力として物体に内在するものだと考えられます。ニュートン的な仮説の代わりに「潜在力」という考え方を採ることでライプニッツは、ニュートン力学とは別のかたちで近代力学の可能性を示したのです。

ニュートン物理学との差異は、「空間」についての考え方にも顕著に現れています。ニュートンによれば空間は「絶対空間」と呼ばれる空虚な入れ物と捉えられ、原子論的な世界観を支える重要なものとして位置づけられました。もし世界におけるすべてのものが原子で出来ているのだとすれば、原子と原子の間の隙間は「世界」なのか。どんな原子によっても埋められない隙間も含めて世界だというなら、その隙間とは何なのか。デモクリトス（前四六〇頃—前三七〇年頃）が原子論を展開して以来「空虚（ケノン）」の存在をめぐる問題は常に問われ続けてきました。「ないものがある」とはどういうことかと批判されたのです。古臭い哲学の議論と思われるかもしれませんが、ここで問われているのは、まさに「考え方」の問題になります。

「真空」と呼ばれる状態が実験的に作られたことで、この問題は事実上解決されたと思う人もいるかもしれません。ニュートンがいうような何もない空間が現実に存在しているのだとすれば、やはりニュートンは正しかったと考えられるわけです。しかしこの問題は、電磁場や重力場という「考え方」が現れるに至って、再び問われることになりました。「真空」においても、光は波としてその中を通り抜けます。そこでは何が波として振動しているのでしょうか。ニュートンが「絶対空間」を天下り的に設定した背景には、そのような批判をあらかじめ避ける企図がありました。ニュートンには、絶対空間を世界のものがそこに現れる「神の感覚器官」のようなものとして考える神学的な発想があったのです。

ライプニッツはそのニュートンの絶対空間の概念を批判し、空間と呼ばれるものは物同士の関係でしかないと考えました。世界に存在するのは微分方程式で示されるような「力」だけであり、それとは別に「空間」なるものを考えるなら、その「空間」とは何なのかを説明しなければなりません。空間なんて、目の前に広がっているじゃないかと思われるかもしれませんが、自然学＝物理学で問題になっているのは、まさに私たちが目の前に見ているような物理現象をどのように説明するかということです。私たちが知覚する物理現象に「空間」という名前をつけるのはかまいませんが、そのときの「空間」とはどのようなものなのかが問題になります。ライプニッツは「力」こそが物の実体だと考えました。「力」が現実において他の「力」と関係し合う世界が、ライプニッツの思い描く「空間」なのです。

こうしたライプニッツの空間についての考え方が現代物理学に統合されるには、エルンスト・マッハの力学やアインシュタインの相対性理論を経て、現代のジュリアン・バーバーとブルーノ・ベルトッティの研究まで辿る必要がありますが、その非常にエキサイティングな作業については別の良書（内井 二〇〇六）に委ねたいと思います。ごく単純なイメージだけを喚起しておけば、「ビッグバン」とともに時間と空間が広がっていく宇宙観を記述するために、質量をもった存在もすべて「力」の発現と考えるライプニッツの自然学＝物理学は、ニュートン物理学にはない理論的可能性をもっていると考えられます。一八世紀の自然学の展開の中でニュートンに負けたライプニッツの自然学には、現代の科学が拠って立つ「パラダイム」を批判的に問い直す視座を見出すことができるのです。

ライプニッツの神学

ただし、ここでも踏まえておくべきなのは、ライプニッツの自然学もまた独自の「神学」の枠組みの中で成立しているという点です。現代物理学に親和的な要素だけを挙げてライプニッツにおける思考の枠組みを相対化すると、現代物理学が前提にしているパラダイムについて批判的に検討する力が失われてしまいます。科学はどのような意味で信頼できるのかを考えるためにも、ライプニッツの自然学がどのような世界観の中で成立したものだったのかを確認して、この章を終えることにしましょう。

ライプニッツは「コナートゥス」という概念を、単に物理世界を記述するものとしてだけでなく、人間の精神活動をも同時に説明するものと考えました。この点もまたアリストテレスの自然学と同じです。「コナートゥス」というのは、先に見たように、物が次の瞬間にどのような動きをするかということを「潜在力」として示すものです。同じ考え方は、数式で表現するとより複雑にならざるをえませんが「人間」という物にも適用できます。人間や動物は自らの意志によって行動を決めますが、その意志にあたるものがコナートゥスだというわけです。ある意志が決定されるには、積み重ねられた経験やその人の考え方、あるいは生まれつき備わった傾向性など、さまざまな要因が働いているといえるでしょう。ライプニッツは、そうした意志決定の諸条件にあたる部分で、私たちは「神」からあらかじめ「先行的」に恩寵を与えられていると考えます。

いきなり神学的な言葉が出てきて面食らったかもしれませんが、これを複雑な微分方程式が与えられていると言い換えれば、どうでしょうか。人間や動物の行動は、遺伝的な情報などであらかじめ条件づけられているわけですから、その条件にあたる部分を「潜在的な力」と見るのはそれほど奇異な考え方ではないようにも思われます。

問題はむしろ、そのような条件のもとで発現する意志が、与えられた微分方程式を展開すれば必然的に引き出されるようなものではなく、私たちの自由に委ねられているのではないか、ということです。同じ条件が与えられたとしても、具体的にどのような行為をするかについては、個々の存在の自由があるように思えます。現代物理学でも同じ問題が発生しますが、人間の精神活動に物理学を適用しようとすると、人間の自由意志が否定されてしまうように思われるのです。しかし、ライプニッツは、そこにもう一段、神の恩寵を重ねることで問題を解決しました。それがライプニッツの神学です。最初の段階の「先行的恩寵」によって個々の存在に特定のプログラムが書き込まれているとして、それが現実化する際に実現可能な世界は論理的にさまざまです。現実の世界は、それらの可能な世界のうちのひとつが現実化したものだと考えられます。そう考えると、複数の可能世界からの現実世界の選択に、個々の存在の「自由」が反映されると考えることができるようになります。

では、さまざまに可能な世界の中からの現実世界の選択は、個々の存在の「自由」の総和として、ただ偶然に委ねられているのでしょうか。

ライプニッツは、そこに神の恩寵が今度は「帰結的」に作用していると主張しました。神は結果として可能世界の中で最善のものを選択したはずであり、現実化した世界の中にその「恩寵」が現れているはずだというのです。私たちのどのような行為も結果的に神の最善の選択だというのが、ライプニッツのいう「予定調和」の議論でした。

この、もう一段の「恩寵」を認めることが、ライプニッツにとって、キリスト教神学の立場を守ること以上の意義があるかどうかを検討することがライプニッツ自然学のパラダイムの是非を考える際に重要になってきますが、ここでは「神の恩寵＝優美」という言葉が、この時代に大きな流行を見ていたということを振り返るにとどめたいと思います。前章で見たように「神の恩寵＝優美」は「私にはよくわからないもの」として、世界のさまざまな物事の運命を担っていると考えられました。

ライプニッツは、宗教改革で激しい対立を見たプロテスタントとカトリックの両陣営を再統合しようとする自身の宗教的な立場からも極端な不可知論の立場はとりません。しかし、「恩寵＝優美」が、目に見えない「潜在力」として機能すると考えました。ライプニッツにおいては、微分方程式で表現されるような「力」が神の恩寵を表現するものになっています。「美」をめぐる同時代の思考の枠組みをライプニッツもまた独自の仕方で共有していることがお分かりになると思います。

この章では科学の「進歩」と呼ばれるものが、こうした思考の枠組みと不可分であることを見てきました。観測技術の発達によって見出される物理現象は、それを解釈する思考の枠組みと切り離して考えることはできません。特定のパラダイムを前提にして、資本主義的な欲望によって動機づけられた科学の「進歩」を無批判に信じることは、狭い視野での「発展」に目を奪われ、大局的な観点から見た時の危険を看過することになるでしょう。冒頭で見た科学ジャーナリストの無批判な科学信仰をもう一度、思い出してください。そこでは、原子力の核兵器への利用や環境破壊など「科学が悪いものになりうる可能性」が示唆された上でなお、無根拠に「科学が役に立つことは間違いない」と断じられていました。

人間精神や世界全体についての自然学から切り離された「科学」が、自らの成立根拠を問うことなく「進歩」を自己目的化する道行きを「役に立つことは間違いない」などと無批判に看過することはできません。真の意味での科学の「進歩」を考えるためには、常に自らが拠って立つ思考の枠組みに対する批判的な検討が不可欠なのです。

Ⅳ
正義
「権利」への欲望

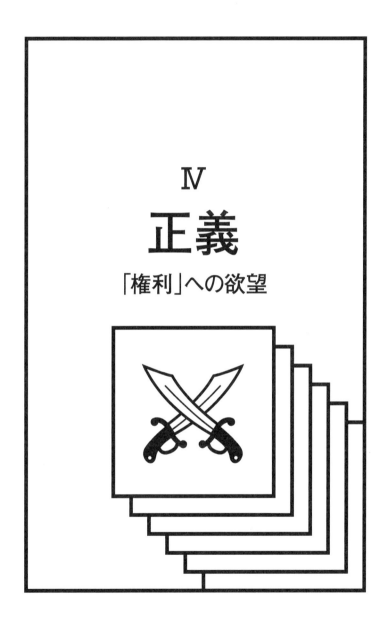

深度0　二〇一七年：「正義」の揺らぎ

ポリティカル・コレクトネスの「正しさ」

「正義」は、どのような意味で「正しい」のでしょうか。資本主義社会において「正しさ」が市場原理で決まることは「富」の章で見ました。アダム・スミスの道徳哲学は、みんなが共感できるものを「正しい」とする社会を構想するものでした。しかし、そうして流行に流される「正義」が一般化していく中で、一定の強制力をもって「正義」を要求する立場もあります。少数民族や女性の権利を主張し、「ポリティカル・コレクトネス」（政治的な正しさ）と呼ばれる「正しさ」です。

「ポリティカル・コレクトネス」という言葉自体は、もともと教条主義的な他者への批判を諫《いさ》めるための言葉だったといいますが、一九六〇年代になるとアメリカの公民権運動を背景にして文化的な多様性を守るための政治的なアクションを指すものとして使われるようになりました。そうしたアクションによって、たとえば「看護婦→看護師」など、差別意識の継続につながるような言語表現があらためられています。しかし、この「ポリティカル・コレクトネス」という考え方には、政治的対立が含まれていて、一筋縄ではいかない問題があります。

具体例を見てみましょう。コム・デ・ギャルソンが発表した二〇二〇―二一年の秋冬コレクションのショーで、白人モデルに黒人文化のひとつとして見られることの多い「コーンロウ」という髪型をさせたことが、ポリティカル・コレクトネスを謳う立場から批判されました（「コム デ ギャルソン オム プリュスのウィッグに賛否　文化の盗用批判に「過敏過ぎ」の声も」、Fashionsnap.com（二〇二〇年一月二一日）、https://www.fashionsnap.com/article/2020-01-21/cdg-cornrowwig-20aw/：二〇二〇年三月一七日最終閲覧）。

コム・デ・ギャルソンは、二〇一八年の秋冬コレクションの発表時に二〇年以上ぶりに黒人モデルを採用しました。それは一九九四年以来黒人モデルを彼らが採用していないとネットで批判されたからでした。しかし昨夜、男性コレクションのショーでこの前衛ブランドは後退してしまいました。今度は白人モデルにコーンロウのウィッグを着けさせたのです。〔…〕ヴォーグのレポート記事では、それは「奇妙」と表現されています。こう書かれること自体が興味深いですが、それは文化的なアイデンティティを形成するヘアスタイルについての差別と偏見を考えてのことです。（「ダイエット・プラダ」（ファッション業界で働くトニー・リューとリンゼイ・スカイラーが匿名ではじめた告発アカウント）のインスタグラムの投稿、https://www.instagram.com/p/B7de6yrnIBq/：二〇二〇年四月一九日最終閲覧）

まず、このような批判の言葉が多分に扇動的であるのが目に付きます。というのも、この書き手が批判の「仲間」に引き入れている『ヴォーグ』の記事には「奇妙な編み込みのウィッグ」とあるだけで、批判的な含みを読み取るのは困難だからです（Mower 2020）。それは公平な情報の提供というより、特定の「正しさ」へと意図的に導こうとしている感が否めません。「読者のみなさん、どう思いますか？　モデルの顔を見ればすべて分かりますよね」と続けて、伏目がちに見える角度のモデルの写真を見せるわけですが、これも印象操作をはかるものとしか思えません。

ところが、この投稿はSNS上で広くシェアされてコム・デ・ギャルソンへの批判を呼び込み、コム・デ・ギャルソンから謝罪のコメントを引き出すに至りました。公平な立場から発せられたとは到底いいがたい発言によって意図的に「炎上」が企てられることでその「正しさ」が示されたというわけです。

しかし、こうした扇動的な「正しさ」の申し立てに対して、必ずしも表には出てこない不満が蓄積します。アメリカのピュー研究所の調査（二〇一六年）によると「最近は言葉づかいに関して、あまりにも多くの人がほんのちょっとしたことで攻撃を受けるようになっている」と答えた人の割合は五九％で、もう一つの選択肢「他人の感情を害さないよう使う言葉にはもっと気を付けなければならない」を選んだ人は三九％でした（Fingerhut 2016）。つまり、ポリティカル・コレクトネスの考え方に賛成の人は四割弱で、六割のアメリカ人は「やりすぎ」と感じているのです。

また、多少保守的な政治色が入った研究所の調査ではありますが、七割の人が「ポリティカル・コレクトネスは社会が行うべき重要な議論を封殺している」と答える一方で、「政治的な雰囲気が、自分の考えを他人とシェアすることを阻害している。なぜなら、自分の考えをいうことで、他人の感情を害したと見なされるから」と答えた人が五八％もいたというデータもあります。その傾向は保守層に顕著で、自らの政治的な立場を「強く保守的」とする人の七六％が、自分の考えを隠すと答えたということです（Ekins 2017）。

これらの調査からは、ポリティカル・コレクトネスに対する反発が強くあることだけでなく、その反発自体が表立っては表現されにくいということが分かります。ポリティカル・コレクトネスの「正しさ」は、「正しさ」として世間に通る一方で、表には出ない反感が蓄積されているのです。

リベラルの「不寛容」

このような調査は、二〇一七年のトランプ大統領就任の「驚き」を裏づけるために実施されたものでした。リベラル派のメディアでは特に、トランプ大統領を支持する人が存在すること自体が都市伝説のようなものと見なされる傾向がありました。その「予想」を裏切ってトランプ大統領が選出された際、支持したのはどの層だったのかを明らかにする必要があったわけです。

これは二〇一七年のアメリカの例ですが、同じことは二〇一九年のイギリスの総選挙でも繰り返されました。ジョンソン首相率いる保守党が予想に反して圧勝し、イギリスのEUからの離脱が確定しました。リベラル派の「自殺」を論じた『西洋の自死』（二〇一七年）の著者ダグラス・マレーは、総選挙の結果を分析する記事の中で、次のようなことを書いています。

――総選挙でリベラルな労働党が辛うじて勝てたのはリベラルな富裕層が住む地域だけで、従来の労働党の支持基盤だった労働者層は保守党に投票した。ところが、リベラル派の人々は「負け」を認めず、選挙後の討論番組でも「この国の人々は、非常に急進的な左派政策を支持している」と自説を繰り返すだけだった。彼らは「エコー・チェンバー」の中で反対者をブロックし、自分たちの支持者の声を「世論」だと思っている。自分（ダグラス・マレー）も、リベラル派からレッテルを貼られ、口汚く罵《ののし》られてきたが、そこには「醜い不寛容」があるだけだ（Murray 2019）。

マレー自身の政治的な立ち位置については、ここでは措きましょう。彼の立場が公平なものといえないのは確かです。それでもこうした批判にはポリティカル・コレクトネスを推し進めるリベラルな左派に対する強い心情的反発が示されていることは分かります。マレーのように表立って発言する人は限られていますが、そうした立場が潜在的な多数派を実際に形成していることは確かだといわざるをえません。「そんなはずはない」と「正しさ」を共有できる人々の間で共有するだけでは、両者を隔てる溝は深まるばかりでしょう。表立って表明されない「不正義」に対して、リベラル派がさらに語気を強めて批判を展開しても、その言葉は、やはりリベラル派の「エコー・チェンバー」の中で響くだけです。

そうした心情的反発の蓄積自体に「公共性」の喪失を見て、さらなる啓蒙の必要性を感じる人々もいるでしょう。しかし、リベラル派が懸命にその「愚かさ」を告発すればするほど、理念と現実の開きが大きくなるといわざるをえないと思われます。それは反発を抱える側から見ると極めて「不寛容」な態度のように見えるのです（実際、「多様性の尊重」を求めるリベラル派は、一般的に、リベラルな考え方を認めない人々に対しては不寛容であるべきだと考えます（井上 二〇一五、一一三頁））。

では、そのような「理念上の正しさ」の現実における不支持という構図は、どのようにして生まれたのでしょうか。あるいは同じことですが、リベラル派の正義は、どのような意味で「正しい」のでしょうか。リベラル派を代表する知識人の言説を検討することで、考えてみたいと思います。

深度1　一九六二〜七一年：リベラリズムの「理想」

ハーバーマスの「公共性の構造転換」

ユルゲン・ハーバーマス（一九二九年生）というリベラル派を代表する知識人は、市場原理で決まる資本主義的な「正しさ」の設定に抗して、公共的な「正しさ」を再構築しなければならないと訴えました。つまり、かつて存在していた「正しさ」を復活させなければならないというのです。

ハーバーマスによれば、近代の初期に芽生えた公共性のあり方は資本主義社会の進展によって変質したといわれます。市民がそれぞれに自分のオピニオンを示しながら、コーヒーハウスに集《つど》って政治的な議論をするということが、かつては行われていたというのです。一七世紀後半、お酒にかわる嗜好品として市民の間に広がったコーヒーは、酩酊ではなく覚醒をもたらすものとして、市民文化の象徴になりました。[1] まさに近代革命の前夜、人々はコーヒーハウスに集い、単なる酒の場の愚痴ではなく明晰な論理で、支配権力に対する批判的な意見を交わしたのです。女性はコーヒーハウスに来るものではないとされ、議論の場はあくまで男性のものでしたが、コーヒーハウスにおける市民の公共的な議論は、やがて新聞などのメディアを通じて拡大し、民主主義の成立に大きく貢献しました。

しかし、そうして不完全ながら実現した公共的な議論の場は、時代の経過とともに変化してしまったとハーバーマスはいいます。近代社会が定着すると、政策の決定や執行は選挙で選ばれた代議員の

ユルゲン・ハーバーマス（出典：Wikimedia Commons）

仕事になり、市民が平時から公共的な議論をする機会は少なくなりました。「富」の章で見たように、資本主義社会において各人は、限られた視野で自分自身の欲望に従って生きるよう促されます。「正しさ」の判定は市場の客観性に委ねられ、神の見えない手をあてにして、各人は自分の目の前の仕事に没頭するよう促されるのです。目の前の仕事をこなし、自分で自分のキャリアを積み上げることに忙しい人々が、自分の利益に直接つながらない公共的な事柄を考えることに割ける時間は限られています。そうして、市場原理に支配される現実の社会で「公共的な議論」なるものの意義が低く見積もられることになっていったのです。

こうして資本主義社会における「公共性」への関わりは、むしろ「消費」を通じて確保されるものになります。自身の嗜好に応じてメディアを選択し「共感」を楽しむことが「公共性」のあり方になりました。反対意見にも耳を傾け、合意を目指して議論を積み重ねることは、そこでは目的とされません。政策を可能にする社会的な要件についての考察は欠いたまま、直感的に「いい」と思える候補者に投票することが、政治に対する一般的な関わりとなります。共感の共同体を背景にして「消費者の権力」を振るうことが、社会に対する最も効果的な介入方法として用いられることになるわけです。不快と感じるものにはクレームを入れてネットで吊るし上げることが「社会」を変えるための有効な手段になりました。
資本主義社会における「公共性」は、こうして、消費することを介して社会に関係する場を形成することになったのです。

リベラルな社会の「再構築」

ハーバーマスは、消費者たちのものへと変質した公共性をあらためて市民の手に取り戻す必要があると訴えます。そのためには、人々が理性的な議論をして物事を決める「熟議民主主義」を実現しなければならないといわれます。人々はそこで自分の意見を明確に述べると同時に他人の異なる意見にも耳を傾け、互いに納得しながら各自の意見を修正し、合意に至ることを要請されます。開かれた議論の場で時間をかけて話し合い、互いに納得できるかたちで物事を決めていくのが本当の意味での「公共性」だというわけです。ハーバーマスにとって「近代社会」はいまだ実現を見ていない「未完のプロジェクト」であり、人々は互いに協力しあいながら、その完成を目指さなければならないとされたのでした。

では、そのような議論は、どのような意味で「正しい」のでしょうか。実際こうした議論は、誰もが同意せざるを得ない理想的な政治のあり方を示しているように思われます。少なくとも「このような社会を目指そう」という人に表立って反論することは、非常に難しいと感じられるでしょう。公明正大な議論で物事を決めていこうという理念には、反論を許さない「正しさ」があるように思えます。

それでもこの議論には、理念が先に立ちすぎている側面が否めません。社会はこのようなものでなければならないという理念が先に立てられ、その実現がどれだけ現実的でありうるのかについては考えられていないように思われるのです。例えばハーバーマスのいう熟議民主主義では、理性的に議論を積み重ねさえすれば人々は合意に到れるはずだという理想が前提になっていますが、現実にはそう上手くはいきません。熟議民主主義の有効性が検討される中で、さまざまな事例が研究されていますが、熟議を重ねても互いの立場の違いが解消されない例は非常に多く見られます。

リベラル派の人々は、こうした現実における上手くいかなさを啓蒙の不足と批判することになるでしょう。現実に上手くいかないのは、理性的な議論をきちんとしないからだと考えられます。みんなが同じように理性的な存在者として振る舞えば、互いの立場を越えて合理的に「正しい」結論を共有できるはずだというわけです。しかし、詳しい検討は次章まで持ち越しますが、私たち全員をあらかじめそのような「理性的存在者」と考えるカント以来の近代の理想は、理想にすぎません。「理性的存在者」であることは、生得的なものでは決してなく、特定の理念にコミットしてはじめて成立するものだと考える必要があります。「理性的存在者」であることを、個々人が同意した覚えのないまま前提にすることは、ある種の強制によってしか成立しないと考えられるのです。コミットした覚えのない人までコミットするのが当たり前だと考えるところに、この手の正義の困難があります。リベラル派の正義は、つまり、理念の上でのみ「正しい」ことを、すべての人に当然のように求めるという点で構造的な困難を抱えているのです。

ハーバーマスがいうような「公共性」は、少なくともかつては現実に存在していたのだから、単に理念上のものではないといわれる方もいるかもしれません。ハーバーマスのいう「公共性の構造転換」が起きる前には、不完全ながら市民的な議論が社会を実際に変える力になっていたではないかというわけです。資本主義によって変質してしまったとはいえ、市民社会を実現した「公共性」が、かつては存在したのであれば、それを取り戻しさえすれば「未完」の近代を完成させることができるように思われます。

しかしながら、かつて存在したといわれる「公共性」は、資本主義へと変質したのではなく、むしろまさにその「資本主義社会」を成立させるものだったということを思い出す必要があるでしょう。コーヒーハウスの議論は、自由経済を確立し、資本主義社会を実現するための「革命」を実現しました。そこで成立した「近代社会」とは、アダム・スミスがいう「自由」を人々に与えるものでした。各人が限られた視野の中で自分の欲望に従って行為する「自由」は、神の見えない手の働きによって経済発展をもたらします。スミスによって実現した道徳の民主主義は、一般性の高さを唯一の「正しさ」の基準にする正義だったわけです。

そのような「革命」は確かに実現しました。しかし、それを実現した「公共性」が「資本主義化」するのは当然の成り行きです。「市民的な議論」によって目指されていたのは、資本主義的な公共性だったからです。その意味では、市民が熟議によって物事を決めるというかたちでの「民主主義」は、いまだかつて存在したことはなかったといわざるを得ません。各人がそれぞれに自分のオピニオンを表明し、互いの納得によって物事を決める社会は、その限りにおいて、一度も実現したことのない理想にすぎないといわなければならないのです。

ロールズの「正義」

しかし、「理想にすぎない」といって切り捨てる前にもう一例、リベラリズムの論客の議論を検討してみましょう。一九六〇年代の公民権運動の高まりの中で経済主義に抗して「正義」を再定義しようとした試みに、ジョン・ロールズ（一九二一―二〇〇二年）の『正義論』（一九七一年）があります。戦後民主主義における高度な経済成長が実現する中で示されたロールズの正義論は、その後のアメリカにおけるリベラリズムのひとつの大きな基盤になりました。ロールズの正義論の概略を確認しながら、普遍的な正義の可能性を検討したいと思います。

ロールズは快楽計算で政策を決める功利主義を批判し、誰もが納得しうるルールの設定方法を模索しました。そのための戦略として用いられたのが社会契約論です。社会契約論とは、人間の自然状態を想定した上で、人々の契約によってあるべき社会像を描くものです。ホッブズやロック、ルソーなどの思想家が社会契約論を展開しましたが、そのうちのいくつかの議論が、近代社会の「憲法」として結実しました。今日の私たちの社会は、その成立の根拠の少なくも一部を社会契約論に負っています。ロールズはその社会契約の原点に立ち返り、あらためて「正義」とは何かを考えようとしました。

ロールズは人間の自然状態（彼の言葉で言えば「原初状態」）を、誰もが自分に与えられた社会的なポジションを知らない、という点に求めます。社会全体に鑑みて自分の能力がどれほどのものか、社会的に大多数を占める信条をもつような家庭に生まれたのか、それとも圧倒的なマイノリティとして生まれ落ちたのか、貧乏なのか裕福なのか——そのような自分の社会的な条件を知らない状態を想定しました。契約にあたって人々は「無知のヴェール」と呼ばれるもので覆われていて、それらの条件を知らない状態におかれているとされました。

そのような状態におかれているとき、人々はどのような社会を望ましいと考えるでしょうか。ロールズによれば、人は自分が最も不利な条件で生まれた可能性を考えて、誰にとっても住みやすい社会を作ろうとするはずだといわれます。社会のマジョリティに属し、少数派を排除して得られる利益の大きさを想像するより、自分が少数派になったときに不自由のない社会を望むはずだというのです。原初状態を仮定すれば、誰もが不平等や格差のない社会を望むというのがロールズの議論でした。

そこからロールズは、普遍的な正義の原理を導き出します。他者の自由を制限しない限りでの人々の自由を認めること、完全な平等はありえなくても最も恵まれない人の利益が常に考えられているような「不平等」しか許容されないことの二つが「正義」の原理になるとロールズは主張しました。「自由」と「平等」の原理が、誰もが同意する普遍的な正義の原理だというわけです。

こうして「正義」の基準を明確にできれば、あらゆる政策は、この原理に照らして優先順位をつけられることになるでしょう。「正義」を実現するための政策が第一のものであり、そうでないものは後回しでいいということになり

ジョン・ロールズ

ます。社会的なマイノリティに配慮し、不平等を是正するための政策が、こうして「正義」を実現するために優先されるべきものと見なされることになりました。

公民権運動以後のアメリカでは、一九八〇年代にネオ・リベラリズムが台頭するまで、こうした福祉政策の重視が現実の政治にも反映されました。高度経済成長期に実現した福祉政策は、しかし、経済の成長が鈍化するにつれて批判にさらされます。「弱者」ばかりが優遇される福祉政策は、個々人の自助努力の結果として得られた収入を不当に奪っていると考えられるようになったのです。そうした白人低中間層の「不満」は、リベラリズムの立場からすれば、社会的マイノリティに対する想像力の欠如と見なされます。人がみな同じ「原初状態」におかれていると仮定してみれば「運良く」健康的な生活を送れている人でも社会的弱者になる可能性があったはずです。運の良い人が悪かった人の肩代わりをするのは、誰もが安心して暮らせる社会を設計するには必要なことだと考えられたのです。

こうした理念は、それにコミットした覚えがない人々にも強要できるものでしょうか。想定されるような「原初状態」におかれたら、人はみな同じ判断をするはずだというロールズの主張が仮に正しかったとして、実際にそのような原初状態におかれた覚えがない人に対して、リベラルな理念へのコミットを要求することはどのような権利で可能になるのでしょうか。経済的に追い詰められていく低中間層の人々は、不当なコミットメントの前提が「弱者」に過剰な救済を与えていると考えます。そうした考え方は「正しくない」と言ったとしても、彼らとの間の溝は深まるばかりです。

知的な「エリート層」が勝手に設定した「正義」の理念を押し付けられていると思う人々が、経済的・政治的に「強いアメリカ」を取り戻すという言説に魅力を感じるのは、ある意味で必然的な帰結であるように思います。リベラル派の「正義」が成立するためには、人々が実際にその原理にコミットすることが条件になりますが、現実にはすべての人々のコミットを前提した上で「正しさ」を要求するものになっているのです。前借りされたコミットメントの上に振りかざされる「正義」が、その負債を無視した上で、同意した覚えのない人々にまで「正しさ」の代償を求めているようにさえ思われます。「自由」で「平等」な社会を実現するには、すべての人がその代償を払わなければならないといわれるわけですが、そのような議論はどれほどの普遍性をもちうるでしょうか。

「自由」や「平等」という考え方は、近代における私たちの社会を成立させるために不可欠なものだと考えられます。それは人間の基本的な「権利」とされます。しかし、私たちがそう教えられてきた「権利」とは、いったいどのような意味で「正しい」といいうるものなのでしょうか。「正義」をめぐる近代社会の魔法を解くためには、もう一段深く「自由」と「平等」という「権利」が成立するところまで掘り下げて考えなければなりません。

　私たちがもつといわれる「権利」とは、いったいどのような理由で主張されうるものだったのか、歴史を振り返って検討してみたいと思います。

深度4　一六九〇年：自然権のゆくえ

ロールズが正義の原理として見出した「自由」と「平等」は、ともに近代社会の成立にあたって自然状態における人間の「権利」として確立されたものでした。それは現代では、あまりに「当たり前」で議論の余地はないように思えます。「権利（right）」という語には「正しい」という意味が含まれていますが、しかし、それはどのような意味で「正しい」のでしょうか。その起源をホッブズの社会契約論に遡って確認してみましょう。

ホッブズにおける「平等」

「自然は人間を平等（equall）につくった」（『リヴァイアサン』第一章第一三節）という主張は、ジョン・ロックのものがよく知られていますが、近代の社会契約論の文脈で最初にそう主張したのは、トマス・ホッブズ（一五八八―一六七九年）でした。ただし、ホッブズによるこの言葉の使い方は、私たちが知っているものとは異なっています。「天は人の上に人を造らず人の下に人を造らず」という近代の「平等」は、あらゆる人間は平等であるべきだという権利を主張するものと考えられます。「人間は平等なのだから、平等に扱わなければならない」として、権利が導き出されているのです。

しかし、ホッブズのいう「平等」は、人間の能力には、さほど大きな差は存在しないという「事実」を述べるにとどまるものでした。どんなに非力な人間でも、一対一なら、不意をついたり、道具を用いたりして、もっとも力の強い人間を殺すことができる。同じ人間という生物種である限り、個々人の能力の差は自然全体で考えれば誤差の範囲に留まるというのが、「人間はみなイコールである」ということでホッブズがいわんとしたことでした。

　もちろん、そうしたホッブズの議論は、権力を握って神格化される統治者もひとりの人間にすぎないと主張するためのもので、単なる事実を事実として述べたものではありません。穏当な「事実」を語りながら現実社会の不平等を考えさせるものになっているわけです。それでもホッブズは「だからみな平等に扱われるべき」とは決して考えませんでした。人間の自然状態における「平等」が、社会的な「権利」として要求されるものとは考えなかったのです。

権利とは何か

　あらためて考えると「権利」とはいったい何なのでしょう。実のところ、「権利」という言葉の近代的な意味を最初に確立したのもホッブズでした。「権利」と訳された言葉は、ラテン語でいうと「ユス（Ius）」になります。これはもともと「法」という意味をもっていました。「権利（right）」という語には「正しい」という含みがありますが、ラテン語の「ユス」はホッブズが権利と言い換える前には、「法的に正しい」ことを意味していたのです。

　ホッブズは「ユス」における「正しさ」の意味を変えることで「権利」という語を確立しました。ラテン語で「法的に正しい」という意味の言葉としては、「ユス」以外にも「レクス（Lex）」があります。ホッブズは「ユス」の「正しさ」は「法＝レクス」の「正しさ」とは違うとして、「正しさ」についての新しい考え方を作り上げたのです。

そうして新しく作られた「権利」の「正しさ」とは、どういうものだったのでしょうか。ホッブズの議論を詳しく見てみましょう。「法」は「そうしないことを許さない」という意味での「正しさ」ですが、「ユス」は「そうしないことも許される」ような「正しさ」だとホッブズはいいます（『リヴァイアサン』第一章第一四節）。

「正しい」からといって必ずやるべきものとは限らず、やってもやらなくてもいいことについても「正しい」ということがいえるはずだとホッブズはいうのです。例えば、「人間は平等である」ということが、法的に「正しい」とするなら、仮に当人たちがそれを望んでいなくても「平等でなければならない」ことになります。今日では「知る権利」などという言葉も使われますが、それが必ず知らなければならないという意味だとすると、だいぶ不自由なことになりますね。ホッブズは、実現可能性だけが与えられていて実現するか否かは自由だという「正しさ」を設定することで、今日私たちが「権利」という名で呼ぶものの領域を確立したのです。

実現してもしなくてもいい「正しさ」には、それゆえ、本質的に「選択の自由」が含まれています。「権利」を持っている人がその「正しさ」を実現するかどうかは、その人の「自由」に委ねられています。「権利」という概念には「自由」が最初から組み入れられているというのが確認すべき第二のポイントになります。

少し細かい話になりますが、伝統的なキリスト教社会で認められていた「自由」は、この選択の自由だけでした。それは今日の私たちが知っているような、好き勝手にやっていいという意味での「自由」ではありません。「選択の自由」とは、目的を達成するためにどのような手段を選ぶかは各人に

トマス・ホッブズ

委ねられているという意味での「自由」であり、「何をしてもいい」というような目的の設定自体の「自由」は含まれていないのです。伝統的なキリスト教でも、人間は「自由意思（liberum arbitrium）」をもち、悪いことも含めて選択する自由をもつと言われました。しかし、悪いことを目的にするような行為をする「自由」は認められませんでした。人生の目的は「善」をなすことだと決められていて、そこに選択の余地は認められなかったのでした。「善」は万人に共通する目的であり、誰もがそれに対する「意志（voluntas）」をもっていますが、その「意志」という語に「自由」という形容詞が付けられることはなかったのです。

　選択の自由を担う「自由意思」は存在するが「自由意志」は存在しないというのが、少しややこしいところです。しかし、それが中世までのキリスト教の標準的な考え方でした。ホッブズが「自由」を人間の自然状態における「権利」とするところから議論をはじめたのは、それゆえ、当時の文脈では非常に重要なことだったと考えられます。やってもやらなくてもいい「正しさ」は、つまり「選択の自由」なのだというところから議論をはじめて、見かけの上で伝統的な使用法を守っているように見せることは、「自由」という概念に新しい意味を付与するための重要な戦略だったのです。

ホッブズの「自由」

実際、ホッブズは彼自身の意図に反して近代的な意味での「自由」を確立する一歩を踏み出すことになりました。「権利」の問題を選択の自由と関係づけたすぐ後にホッブズは、振り返って考えると非常に重要な議論を展開しています。人間は自然状態において「みずからの意思にしたがって自分の力を使い、自分の自然すなわち生命を維持するために、みずからの判断および理性に照らして最適の手段と考えられることをする自由」を持つとホッブズはいいます。ここまでの記述だと「自由」という言葉は、伝統的な「選択の自由」を意味しているように見えます。自分の意思で自分のやることを決められる(し、やらなくてもいい)というのは、単純に選択の自由を示しているように見えるからです。

ところがホッブズはそのすぐ後で、その「自由は、字義通りの意味において、外的な障害が存在しないこと」だと言い換えています[2]。微妙な言い方ではありますが、これでもまだ無理をすれば「自由」を「権利」の議論の枠組みで理解することもできるかもしれません。「やってもやらなくてもいい」ということは、どちらを選択するのにも支障はないという意味にとれるからです。しかし、この「自由」は同時に、自分の意思を束縛するものは何もないという近代的な意味で理解される可能性をもつものになっています。何ものにも縛られず「自由」に行為しうるという近代的な意味での「自由」の概念が、キリスト教の「選択の自由」の枠組みを越えて理解される一歩がここで踏み出されているのです。

ホッブズにとっては、このような意味での「自由」もまた、人間が自然=本性に即してあるときの状態を「事実」として示すものにすぎませんでした。人間という物体＝身体が自然状態におかれたときの振る舞いを記述するために「自由」という言葉が使われたのです。[3]「平等」と同じように「自由」もまた、ホッブズにおいては、自然状態における人間の「事実」を示すものであり、社会を作った後に「そうあるべきもの」として考えられるものではありませんでした。ホッブズが描く自然状態の「権利＝ユス」、すなわち「自然権」は、「自由」も「平等」も含めて、社会契約の後に統治者の手に委ねられ、なくなるものだと考えられたのです。

しかし自然状態を考える限り、人間は「自由」で「平等」であるとホッブズはいいます。だからこそ自然状態の人間は必然的に「戦争状態」に陥るというのがホッブズの筋書きでした。各人が自分の意思に従って行為すれば、その「自由」が適用される範囲は「互いの身体（one anothers body）」にまで及ぶことになるでしょう。それぞれの人間が自分の意思だけに従うなら、各人が自分の意思に他者を服従させようとするのを妨げることはできないとホッブズはいいます。そうなれば「万人の万人に対する戦争状態」は不可避です——このあたりは非常に有名なところでしょう。

しかし、戦争状態が、人間が「自由」で「平等」だからこそ必然的にもたらされるものだというホッブズの議論は、あまり知られていないかもしれません。自然状態における人間は「自由」（＝自分の意思だけで行動する）かつ「平等」（＝個々人の間の能力の差はほとんどない）だからこそ、不可避的に戦争状態に陥るとホッブズは主張したのです。

その戦争状態を回避するために人々は結局「共通の権力」に服従し、互いの「自由」を制限しなければならなくなると結論づけられました。ホッブズにおける自然権は、こうして社会契約が果たされる際に統治者に譲渡されることになるのです。

ロックの「自由」

今日の私たちが「当たり前」と考える「自由」と「平等」は、それゆえ、ホッブズのものではなく、ジョン・ロック（一六三二―一七〇四年）のものです。それでもホッブズの社会契約論を最初に検討する必要があったのは、ロックの社会契約論は大方のイメージとは異なり、ホッブズの議論をかなり忠実になぞっているからです。ロックは、ホッブズが提示した「自由」と「平等」の概念を踏襲しながら、別様な社会契約の道筋を示してみせました。その理路がどのようなものだったのか、詳しく見てみたいと思います。そうすることで、私たちが「当たり前」と考えているものの思想的な前提が浮かび上がってくるはずです。

ロックにおける「自由」は「自然状態においては、自然法の範囲内で、自分が適切と信じるところにしたがって自分の行動を律し、自分の財産と身体を処置することができ、他人の許可も他人の意志に依存することもない」（『統治二論』後篇第二章第四節）といわれます。このロックの言い回しが、戦略的に施された若干の変更を除いて、ほぼホッブズを踏襲するものであることがお分かりになるでしょうか。「自分が適切と信じるところにしたがって、自分の行動を律する」という表現は、ホッブズの「みずからの判断および理性に照らして最適の手段と考えられることをする」に対応しています。

また、「他人の許可も、他人の意志にも依存しない」という言い方も「外的な障害がないこと」を「自由」とするホッブズの議論を意識したものと考えられます。少なくともこのような「自由」の表現は、現行のリベラリズムの考え方にはそぐわないものです。今日の私たちが考える「自由」は、ロールズにおいて確認したように「他者の自由を制限しない限り」と制限をつけて理解されています。これは実際のところ、すぐ後に見るようにロック自身による制限でもありますが、「自由」という概念を最初に導入するにあたってロックが、まずはホッブズの口ぶりに寄せて議論しているというのがポイントです。「自由」という概念の近代的な意味での拡張の可能性を借り受けるためにロックは、ホッブズの議論を踏襲する必要があったのです。

しかしロックは、いくつかの点でホッブズの議論に重大な修正を加えています。まずは「自分の財産と身体を処置することができる」というのがポイントです。「私的所有権」を人間の自然権に数えることが、ロックが社会契約論を著そうとしたときの大きな目的のひとつでした。それゆえ、挿入句のようなかたちであれ、最初の「自由」の定義に「財産の処置」を加えることは——文脈上の必然性はまったくないにもかかわらず——ロックにとって非常に重要だったと考えられます。同じ本の中でロックはかなりの分量を割いてあらためて私的所有権について論じることになるのですが、そのためにその前の段階で「財産」の記述を適宜挿入する必要があったのです。

しかし社会契約の過程を辿る上では、もうひとつの修正の方が重要です。少し注意しないと分からないのです

ジョン・ロック

が、先の「自由」の定義の中でロックは「自然法の範囲内で」という制限をつけていました。「自然法」というのは、人間の手による「実定法」に対立する言葉です。伝統的には神が作った世界の秩序を意味します。人間もまた神の被造物として、その本性＝自然に従った行為をしなければならないというのが、自然法の基本的な考え方でした。神学的な色彩の強い考え方ですから、もし「近代化」の尺度のようなもので測るとすれば、ロックの自然法の導入はホッブズより後退しているように見えます。神が定めた法を宗教的な権威によって断定することは、人間の「自由」を教会の恣意に委ねるものであるように思われるからです。

しかし、社会契約論の文脈で見ると、ここでロックが「自然法」に訴えたことが、ホッブズの議論を転回させる契機になりました。分かりやすいところでいえば、先に見た「他者の自由を制限しない限り」という条件も、ロックによる自然法への準拠によって可能になっています。

自然状態には、これを支配するひとつの自然法があり、何人もこれに従わなければならない。この法である理性はすべての人々に〔…〕何人も他人の生命、健康、自由または財産を傷つけるべきではないということを教えるのである。（同書、後篇第二章第六節）

こうして自然法に訴えることでロックは、「互いの身体」にまで及ぶとされたホッブズの「自由」を、神の法の下に制限します。そうすることでロックはホッブズが「必然的」と見なした戦争状態を回避することができたのです。

ロックにおける「戦争状態」

自然状態においてすでに「法」があるのだとすれば、すでにルールがある中で新しく社会を作る必要はないように思えます。各人が同じひとつの「自然法」に服しているなら、必要なのはその神の法の内実を明らかにする「神学」であって、そこから近代的な社会像を描くことはできないように思われるのです。しかし、ロックはなおホッブズの理路をそのまま辿りながら、社会契約に至る過程を描こうとします。自然状態におかれた人間は、ロックによれば、そのままでは「戦争状態」に陥ってしまうといわれるのです。

「万人の万人に対する戦争状態」というのはホッブズの社会契約論の特徴であって、ロックのものではないと考える人もいるでしょう。それはロックの社会契約論のイメージとかけ離れています。しかし、そう思われる方は一度ロックの原文をきちんと読んでみてください。「訴えるべき地上の共通の上級者が存在しないところには、戦争状態がある」（『統治二論』後篇第三章第一九節）といった記述や「この戦争状態の中では、天に訴える他に訴えの途はなく、またどんな小さい争いでも当事者間に決定をなすべき権威がないために、どうしても戦争に終始することになる。それでこういう状態をさけることが、ひとが自分を社会の中におき、自然状態を離れる一つの大きな原因となる」（同書、後篇第三章第二一節）といった言葉は、すべてロックによるものです。戦争状態を避けるために「共通の上級者」を求めて社会契約を行うという議論の道筋は、まさにホッブズが辿ったものでした。ロックはホッブズと同じ道を辿りながら、社会契約に至る過程を描いているのです。これはどういうことでしょうか。

ロックは、戦争状態が発生する原因を、自然法の執行をめぐる争いに帰しました。自然状態における「自然法の執行は各人に委ねられている」ため、結果として「各人は他人に対する権力をもつ」に至るとロックはいいます（同書、後篇第二章第七節）。しかし先ほど確認したようにロックは、各人は同じひとつの自然法に服しており、その限りで「生命、健康、自由または財産を傷つけるべきではない」と言っていました。それとは矛盾するようなことが言われるのはなぜでしょうか。

ここで問題になっているのは、自然法の執行という観点です。人々は同じひとつの自然法に服してはいるものの、実際にその法を執行するにあたって、各人が「平等」に同じ権限をもっているので、戦争状態を避けることはできないとロックはいうのです。つまり、同じ法の下にあっても、至るところで「私刑」が行われている状況です。「自然法」を共有していても、その執行に客観性がなければ、戦争は避けられない。それゆえ、きちんとルールを定めて「共通の上級者」に服従することが求められる、というのがロックの議論だったのです。

自然権の確立

では、結果としてロックも、ホッブズと同じように社会契約にあたって自然状態の「権利」を放棄しなければならないというのでしょうか。戦争状態を回避するために「共通の上級者」に服従することが求められるなら、各人の「自由」と「平等」はホッブズの議論がそうだったように、社会状態への移行に際して放棄されなければならないように思えます。ところが、そうではない、とロックはいいました。そしてその根拠とされたのが、またしても自然法でした。

もし人間がその本性＝自然によって生きることで、戦争状態が必然的にもたらされるのであれば、人間の「自由」は常に制限される必要があるといわざるをえません。ホッブズの社会契約論は、まさにそういう理路を辿るものでした。互いに「自由」を主張しあって混沌に至るのなら、社会状態を実現するためにはその「自由」は放棄されなければならないと考えられました。

しかし、ロックの自然状態には自然法があり、必ずしも戦争状態に陥るわけではないといわれます（『統治二論』後篇第三章第一九節）。戦争状態になることも多いが、必然ではないというのです。執行を巡って争いが起きることはあっても、なお自然法は自然法として各人を縛っています。社会の世話にならなくても「法」がどのようなものであるべきかについては誰もが知っているというわけです。

ならばロックにおいては、自然状態の人間がもっていた権利が失われるような社会であれば「契約しない」という選択肢がなお残されていることになるでしょう。社会が必要なのは、自然法の執行における公平性を担保するためであって、自然法を捻じ曲げる統治者を「共通の上級者」にしておく必要はどこにもないというわけです。これがロックの社会契約論において「抵抗権」が認められる所以です。自然法を噛ませることで戦争状態の必然性を回避したロックは、もう一度自然状態に戻ることも辞さない社会契約のあり方を示したのです。

こうしてロックは、自然状態の「権利」を社会契約の後でも主張できる社会を構想しました。自然状態の人間がもっていた「自由」と「平等」は、ホッブズにおいてはそれによって争いが引き起こされるものと位置づけられていましたが、ロックにおいて自然権は、個々人の「権利」として社会の中に残されます。人間がすべて同じ自然法に服するものであるなら、権利についても同様に認められなければならないと見なされたのです。それは、神が定めた「自然＝本性」に準拠した「正しさ」だからです。「自然権」は、こうしてロックにおいて、人間の「本性」に基づいて要求される「権利」になりました。

権利はなぜ「正しい」のか

しかし、そこでの「権利」の「正しさ」は、何によって保証されるのでしょうか。ロックの議論ではその根拠は、自然法の普遍性に求められました。「神」が定めた自然法が、そのような人間の「権利」の「正しさ」を保証するものだったのです。しかし、そうした「神」に訴えることで共有されるような「法」の権威は、今日の私たちの社会ではすでに失われています。

「富」の章で見たようにアダム・スミスの道徳論は、まさにそうした神学から離れた「正しさ」を設定しようとするものでした。そのおかげで私たちは「神」に頼らずに「客観的」な善悪の判断を共有できるようになりました。そうして私たちは市場原理によって「正しさ」を判定する社会を実現したのです。

でも待ってください。私たちはそうして「神」がいなくなった社会において、なお「権利」を主張します。自然権は、人間の自然本性に基づいて「正しい」と私たちはいうのです。しかし、その「正しさ」の根拠はいったいどこにあるのでしょう。ロックの議論の後ろ盾になっていた神学的な前提が外された以上、その「正しさ」の根拠をロックに求めることはできません。私たちはもはや、キリスト教神学に下支えされた「自然法」を無条件に共有しているとは考えられないからです。だとすれば、私たちはいったい何を根拠にして他者に「権利」を言い募ることができるのでしょうか。そのような「権利」が現行の憲法に記されているからということ以上の根拠を求めることはできないように思えます。

「正しさ」の根拠が単に「みながそう信じているから」ということに求められるとすれば、「自由」や「平等」の権利といわれるものも「共感」の一般性によってのみ基礎づけられるということになるでしょう。だとすれば、それらの権利の「正しさ」は、結局は市場の判断に委ねられていることになってしまいます。ロールズの社会契約論はその中で、ふたたび「自由」と「平等」の成立根拠を示そうとしましたが、先に見たように、人々がみな同じ理念を共有することをあらかじめ前提にしてしまいました。必要なのはむしろ、「自由」や「平等」の権利の理念的価値を前提にせず、それらの理念をみんながコミットしうるようなものとして位置づけ直すことであるように思われます。そのためにも、暗黙のうちに前提としてしまっている価値を徹底的に問い直す必要があるでしょう。こうして問題は「私」をめぐる魔法へと引き継がれることになります。

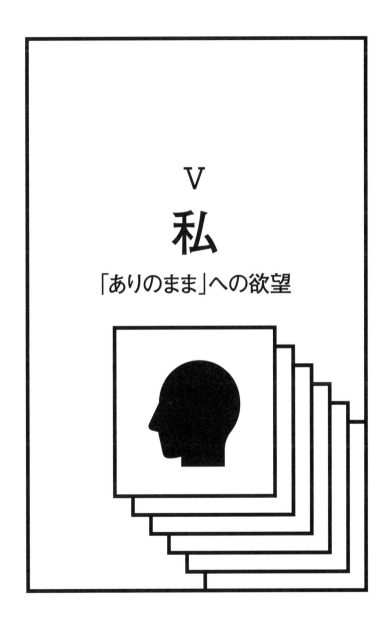

V
私
「ありのまま」への欲望

深度0　二〇二〇年：「私」の全肯定

筆者が経験したことからはじめさせてください。チェーンの喫茶店に入って作業をしていたとき、隣に座った二〇代前半ぐらいの若い女の子二人が話していることに、思わず耳を奪われてしまいました。

「『ゴッドファーザー』みたいな訳の分からない映画見た後、みんな黙って「私分かってる」みたいな雰囲気あるじゃん。あれ超ウケるんだけど。お前らみんな分かってないだろって。あの微妙な空気、笑えない？」

「そうねー。でも、中にはさ、ああいうので涙流しちゃう人もいるらしいよ」

「意識高い系？　住む世界違うわー」

筆者は俗語の正しい利用を諭《さと》せる立場にありませんが、この語り手の「意識高い系」という言葉の用法は、もしかしたら間違っているかもしれません。「意識高い系」という言葉が仮に、自己啓発本と生半可なビジネス書の知識をもとに、社会の上層への参入を目指して努力する人々を形容する言葉だとしたら、ハイカルチャーに近い芸術を理解する感性というのは、一般には教養と呼ばれるものによって育《はぐく》まれると考えられるからです。『ゴッドファーザー』（フランシス・フォード・コッポラ監督）が、ハイカルチャーに属するかどうかは措くとしても、語り手が自分と異なるものを排除するにあたって、排除されるものに付されるレッテルが正確かどうかということは、ほとんど重要ではないと見なされているように感じられます。

何も、語り手の未熟さを論《あげつら》うためにこの例を挙げたわけではありません。むしろこの例は「私」という概念にまつわる魔法の特徴をはっきり表しているように思われます。まず第一に、話し手は自分と異なる感性をもった人々を自分の「世界」から排除することに、ほとんど躊躇していません。「住む世界違うわー」と多少なりとも蔑《さげす》みの感情を込めて他者を排除する行為をするためには「私」に対する十全な肯定が不可欠でしょう。「あんな作品」を「分かる」なんていう人間は「どこかおかしい」のであって「まともな感性」をもっている人なら、私と同様に分からないはずだという話し手の考え方が言外に伝えられているからです。

その「私」の全肯定の中には、自らの判断の「客観性」が要求されています。「まさかあなたは「あちら側」の人間ではないよね。それなら、私のいうことに同意するはずだ」という圧力とともに、判断の「普遍性」が要求されているのです。

こうした「ありのままの私」の普遍性要求というのは、どうして可能なのでしょうか。人間の自然＝本性に基づいた普遍的な「権利＝正しさ」がリベラリズムの言説の中で要求されていることを前の章で確認しました。「ありのまま」とは、つまり、「自然のまま」ということを意味しますので、この例に見られる「ありのままの私」も同じ構造をもっているように見えます。ところが、ここで要求される「普遍性」は、理性的な対話に開かれているものというよりもむしろ、そうした面倒くさい手続きを抜きにして「生まれながらの権利」を主張するもののように見えるのです。

それほど稀とはいえない頻度で出会われるこうした「ありのままの私」の全肯定とは、いったいどんな論理で成立するものなのか――掘り下げて考えてみたいと思います。

深度3　一七八一年：カントの「理性」

判断の客観性

あるものを見たとき何かの言葉に結びつけて判断する力を、カントは「判断力」と呼びました。「それって、意識高い系？」と言うときにも、その判断力が働いていたということができます。『ゴッドファーザー』に涙する人」は、少なくともその「私」の世界観の中では「意識高い系」という概念に包摂される存在として認識されています。

しかし、その判断は、どのような意味で「客観的」といいうるのでしょうか。「『ゴッドファーザー』に涙する人は意識高い系である」という命題の客観性は、先に見たように、他の用法に照らしてその「正しさ」を示せるものではないように思われます。「意識高い系」という語の現代的な用法を集めてきても、この話し手の判断を支持するものを見つけることは困難でしょう。それでも、この話し手の口ぶりには、その判断が「客観的」であることを要求するものが含まれていました。

では、そのような要求自体が不当だといえば、いいのでしょうか。つまり、話し手が自分で客観的だと思っているだけで、実際にはそうではないといえばすむのでしょうか。話者を「公共の場」に引きずり出し、異なる立場の人間に対面させることが、誤って「客観的」と見なされた判断を是正する道だと思われるかもしれません。それはカントをひとつの思想的な源泉とするリベラリズムの道です。

しかし、問題はそう簡単ではありません。というのも、「それって、意識高い系？」と軽く語尾を上げて相手に突きつけるだけで、「客観性」と呼びうるものが実際に成立しているように思えるからです。多少の違和感を覚えつつも圧力に負けて「そうかもね」と相手が同意すれば、その判断の「正しさ」は少なくとも当面のところは確保されます。話し手が属する生活世界で出会う人間のほとんどすべてがそのことに同意するなら、そのクラスタにおける特殊な語法として通用することになるでしょう。そのようなクラスタに属する人を「公共の場」に引きずり出して「あなた方は間違っている」と糾弾することは、実際に可能でしょうか。あるいは、そうすることが「教育」なのでしょうか。

イマヌエル・カント（一七二四—一八〇四年）が『純粋理性批判』（第一版：一七八一年、第二版：一七八七年）で問題にしたのは、まさにその「客観性」でした。各人がそれぞれの経験に基づいて判断するのだとすれば、その「客観性」はどうやって保証されるのかという問題です。カントは、人がそれぞれ、どんな経験をしてきたとしても、人間として共有している認識の形式があるということによって「客観性」を共有しうると主張しました。その形式は三つ——どんな物事でも時間と空間の中で経験されるということ、すべての物事は「カテゴリー」と呼ばれる枠組みの中で判断されるということ、そして誰でも同じように「私」であるということ、です。このうち最後の論点は、まさに本章の主題に関わるところなので後で詳しく見てみたいと思います。

さしあたってここでは、それらの形式を共有していたとしてもなお、「判断」が一意に定まるわけではないということを確認するだけにとどめます。私たちは誰でも何かを判断するとき、カントのいう三つの形式を共有しているとして、それで「『ゴッドファーザー』に涙する人」を「意識高い系」の概念に包摂するのを間違いということができるでしょうか。残念ながらできません。それらは時間と空間の中で経験されたことについて、同じカテゴリーの枠組みを用いて判断されています。カントがいう形式を共有していたとしても、それだけでは誰もが同じように「客観的」な判断をするということはできないのです。

理性の共有

カントは最終的に「理性」によって、判断の「正しさ」が保証されると考えました。カントの理性論について少し立ち入った議論が必要になりますが、少しお付き合いいただきたいと思います。カントは『純粋理性批判』という有名な本の中で、理性によって人々の間の判断の「客観性」を保証しようとしました。しかし他方で「理性」を野放図に使用することを制限しようと提案しています。「理性的な議論」というと、通常のイメージではみんなが同意できる客観的な議論といったものを想像されるかもしれませんが、実際にはどちらも申し分ない「正しさ」をもつ収拾のつかない喧嘩を発生させることが示されます。それゆえカントは「理性」だけで「正しさ」を判断するのはやめようと提案したのです。

　もう少し厳密に見てみましょう。理性というのは、論理的な推論を行う能力を指しますが、その「論理的な推論」を行うために「経験」は必要ないというのが、まずおさえていただきたいポイントです。「すべての人間は死ぬ」、「ソクラテスは人間である」、「ゆえに、ソクラテスは死ぬ」というのは、三段論法という形式に従った「正しい」理性的な推論です。

　しかし、その推論の「正しさ」を検証するために、実際の経験に訴える必要はありません。「ソクラテス」が実際に「人間」であることを検証することも、「すべての人間は死ぬ」という命題の正しさを実験で確かめてみることも、必要ないのです。三段論法で問題なのは「すべてのAはBである」という命題と「CはAである」という命題がともに正しいなら、「CはBである」ことはいつでも「正しい」ということだけです。「A」や「B」や「C」に入るものが、「ソクラテス」であろうと「人間」であろうと、まったく関係ありません。この形式を満たすものなら何でも「正しい」といえます。理性的推論というのは、それぞれの命題で語られていることを経験的に確かめる必要はまったくなく、ただ間違わずに推論するということだけで「正しい」結論を導き出すことなのです。

　「理性」の能力は、こうして強力に「正しさ」を量産

イマヌエル・カント

できてしまうため、その使用に制限を加えなければならないというのがカントの主張でした。決着のつかない問題を延々と議論するだけにならないように、理性の限界を定めることが『純粋理性批判』の大きな目的のひとつです。そうすることで神学論争のような原理的に解決不能な問題について言い争う状況を回避できると考えられました。

しかし他方でカントは、判断が分かれる物事を調停するために「理性」を統制的に使用することは必要だと訴えます。[1] そうしなければ、結局みんながバラバラなことをいうだけで収拾がつかなくなってしまうと考えられたからです。理性的な推論だけでゴリゴリと「正しさ」を量産することは制限するにしても、一定の「正しさ」の基準を共有することは必要だとカントはいいます。しかし、理性を統制的に使用するというのは、どういうことを意味するのでしょうか。

カントはそれを「虚焦点」として参照されるような「理性」の働きだと説明しています。「虚焦点」というのは、遠近法で用いられる参照点のことです。遠近法とは、よく知られているように、近くにあるものを大きく、遠くにあるものを小さく描くことで、奥行きのある空間を平面上に表現する方法ですね。あるものをどのぐらいの大きさで描けばどのぐらいの距離にあるものに見えるのかを測るために虚焦点が用いられます。奥行きの方向、無限遠方にある一点を想定し、その点を基準にしてすべてのものを描くことで私たちは統制のとれた空間を表現することができます。そうした基準なしに場当たり的にものを描けば、結果として遠近感覚が崩れた空間になってしまうわけです。

私たちの判断において、この虚焦点の役割を果たすのが理性だとカントはいいます。それぞれの経験を行きあたりばったりで自分の認識空間に広げるのではなく、他のものとのバランスが取れるようなものとして配置するためには、理性への参照が必要だとカントはいうのです。そうすることで、各人のそれぞれの判断は、他者との間でうまくバランスが取られ、「客観的なもの」になりうるといわれています。

カントのこうした説明は非常によくできたものと思われますが、しかしこれでは、なぜみんなでそのひとつの同じ虚焦点＝理性を共有すべきかということは説明されていません。理性を「虚焦点」として参照するとしても、なぜその点でなければならないのでしょう。物事を整理して位置づけるために必要な基準点は、ひとつとは限りません。先に見たように『ゴッドファーザー』に涙する人は意識高い系である」という判断を「客観的」とするような世界観を描ききることも、可能かもしれないのです。

その絵の中に「すべて」を収める世界観をもつ人々に「あなたの絵はみんなと同じ点を参照してないからダメだ」ということはできるでしょうか。彼らを「理性」の法廷に連れ出そうにも「うちらはうちらで楽しくやってるし」といわれて、無理に誘い出すのは難しいかもしれません。「我々はみな「世界市民」としての自覚をもつべきだ」といって、彼らを説得できるとは思えません。「ほっといてくれる?」と謝絶の言葉を投げかけられ、対話が途絶えるだけのように思われます。この問題が、前章で見たリベラリズムの理想論と同じ構造をもっていることは明らかでしょう。コミットした覚えのない「世界市民」として「正しさ」を押しつけようとしても、普遍的な妥当性を欠いていたとしても、よりリアルな実感のある「うちら」のコミュニティが優先される、というわけです。

しかしカントによれば、それぞれの「私」は「私」である以上、あらかじめ同じ「理性」を共有しているはずだと考えられました。すべての「私」は「私」である以上、同じ点を参照しなければならないというわけです。先に見た、形式として同一の「私」の議論です。もしカントのいうことが正しければ、冒頭の語り手もいやしくも「私」である以上、「ほっといてくれる？」ではすまない義務を負っていることになります。「ありのままの私」は、「私」である時点ですでに何の努力も要求されないように見えますが、カントによれば、まさに「私」であるからこそ、同じ理性の共有を目指して対話に開かれなければならないのです。

では、カントがいう「私」とは実際どのようなものなのか。もう少しカントの議論を辿ってみたいと思います。

自己意識の構造

カントにとって「私」は「自己意識」と言い換えられるものでした。経験することは人それぞれであっても、自己意識の構造は誰にとっても同じなので、すべての人々はみな同じ「私」なのだとカントはいいます。「自己意識」といっても、自分のセルフイメージのようなものではありません。「私」が自分をどのような存在として意識しているかということでいえば、その「自己」の意識のあり方は、人それぞれでしょう。「自己意識」における「自己」とは、セルフイメージとして捉えられた「自己」ではなく、そのセルフイメージをもひとつの「対象」として見ている側の「私」を指しています。「私」は、さまざまなことを経験し、「自己」ですらひとつの対象として捉えるのです。

しかし、それらを経験する「私」が、時間を経ても変わらないものとして存在していなければ、そもそも「経験」と呼びうるものを考えられないだろうとカントはいいます。「経験」という日本語には「経る」という時間的な観点が入っていますが、時間を経ても残されるものでなければ「経験」とはいえません。しかし、その「経験」は、どこに残るのでしょう。次々に「経験」される物事が、常に同一の「私」に刻まれていなければ、「経験」は「経験」にならないとカントはいうのです。

時間を通じて変わらない「私」は、それ自身としては見ることも聞くこともできないものです。そのような「自己意識」としての「私」は、それ自身としては決して経験の対象になりません。では、そのように誰も経験したことがないものが、どうしてあるといえるのでしょうか。「それはそういうものなんだ」と頭ごなしに決めつける議論は、根拠なく超越的に語られます。ロックにはじまるとされる経験主義は、経験されるものだけを手がかりにして客観的な議論をしようとするものだったので、経験主義的な立場からすると、そうした頭ごなしの超越的な物言いは拒否されます。では、カントのいう「自己意識」もまた、超越的な語り方で「自己意識」の存在を言い立てているのでしょうか。

カントは超越論的という新しい形容詞をわざわざ作って、「超越的」と「経験的」の間を埋めました。自己意識としての「私」は、それ自身経験の対象にはならず、決して経験的なものではない。しかし、だからといってそれを超越的と決めつけるのとも違う。時間を通じて同一な自己意識は、それ自身経験されるものではなく、むしろ「経験」を「経験」として可能にするための条件になっている。それゆえ、その存在は超越論的に要請されなければならない――そうカントは主張しました。「超越論的」という言葉は、そのように経験を可能にする条件を示すものとして、以後の哲学の鍵概念になったのです。

このように考えれば、「私」は誰でも「私たち」だということになります。すべての人間は、超越論的に要請される「自己意識」をもっていて、誰でも同じ「私」であるからこそ「人それぞれ」といわれるような経験も可能になっているというわけです。どんな人間でも同じ「理性」を共有しているはずだというカントの主張は、そこから導かれます。それぞれ経験することは異なっていても、同じ「理性的存在者」として、人々は互いに対話する基盤が最初から整えられていると考えられることになるのです。

経験の主体は必ずしも「私」ではない

では、「自己意識」をもつ人々は本当にみんな「理性的存在者」といえるのでしょうか。件の『ゴッドファーザー』についても、話し手は「私」を主語にして話をしています。カントによれば、いやしくも近代社会において「私」なる主体である限り私たちは誰でも開かれた議論の場に引き出されることを覚悟して話さなければならないということになります。前章で見たリベラリズムの「正義」もまた、カントのこうした哲学的な議論を背景にして同じ理念の共有を前提していたわけです。

しかし、本当にそうでしょうか。カントの議論は近代における「私」の成立という重要な哲学的問題に関わりますが、この点はすでに哲学の中で鋭利な批判と大きな問い直しに晒されています。簡単にいえば、果たして人間は本当に同じ「私」を持っているといえるのかということが問い直されているのです。「ゴッドファーザーに涙する人」を「意識高い系」という概念に包摂するような世界に生きる「うちら」と、カントのいう「理性的存在者」としての「私たち」では、同じく「私」を主語にして話をする存在であっても「私」の種類が実は違うのではないかということですね。

カントは実際、経験の主体がすべて同じ「私」に還元されることについて何の根拠も示していません。超越論的な「私」は、カントにおいて、それがなければ経験が成立しないものとして要請されるものでした。時間を通じて同一の主体を仮定しなければ、経験を積み重ねること自体が成立しないと考えられたからです。でも、それはなぜ「私」あるいは「自己意識」でなければならないのでしょう。経験の主体は誰でもひとつの同じ「私」の型を共有しているのでしょうか。

実際の経験を考えてみると、私たちが経験するものはすべて「私」に還元されるものではありません。例えば、ひどく酔っ払って記憶をなくした場面を考えてみてください。居酒屋から電車に乗って家に帰るまでの記憶が、朝起きてみるとないような場合です。気づくとベッドの上に横になっていて、前夜に何があったのか思い出せない。このような場合、前夜のことがらを「自己意識」の枠組みに収めることはできないといわざるを得ません。思い出せない記憶は「意識」にのぼらないため、「私」に還元することもできないのです。

もちろん、記憶を失っている間に行った行為でも、他者の証言によって再構築されるので、社会的な責任は免れません。覚えていないからといって、社会的な責任を免除されるわけではないでしょう。しかし、そこで他者の記憶を頼りに再構築される「私」は、社会的な人格としての「私」であって、自己意識としての「私」ではありません。「自己意識」としてはなお、その経験は「私」にとって身に覚えがないものにとどまるのです。

だとすれば、自己意識から欠落するような「経験」は、誰が経験したものになるのでしょうか。その問いが、近代における「私」を問い直す基点となります。

フロイトの「脳科学」

経験の主体は「私」ではなく、経験の積み重ねに必ずしも「自己意識」は必要ないということを示したのは、ジークムント・フロイト(一八五六―一九三九年)でした。意識されないもの、つまり「無意識」の領域があることが示されたのです。フロイトはまだニューロン仮説が浸透していなかった状況で、人間の記憶の働きを「意識」によってではなく神経細胞のネットワークによって説明するモデルを考案しています。記憶の機能を説明するために、意識現象にその根拠を求めることは難しいとフロイトは考えました。人間において記憶は、意識されたかたちでも現れますが、意識されないまま蓄積される記憶もあるといわざるをえない事例が多数観察されたからです。

ヒステリー患者が催眠術などによって過去の記憶を身体的に反復することが知られていましたが、患者はその身体的な記憶の反復をしばしば「意識」していません。夢遊病など、従来の自己意識の言説では説明できない事例の発見はオカルト的な興味を惹き、「理性」では説明できないことにこそ真理があるという反啓蒙主義を生んでいました。フロイトは、そうした現象をオカルトに解消せず理論として説明するために、意識されない記憶の構造を示したのです。

フロイトが考えたのは、外界からの刺激が神経細胞のネットワークとして記録される仕組みでした。知覚を神経細胞の情報の伝播として考えるとき、外界からの刺激の「質」がどうやって記憶されるのかが問題になります。フロイトはそれを、刺激が脳の中を通り抜ける回路の違いとして説明しました。神経細胞a↓b↓cと流れる刺激とa↓b↓dと流れる刺激は、区別できます。外界からの刺激の「質」の違いは、フロイトによれば、脳内のニューロン・ネットワーク内のマッピングの差異として記録されると考えられたのです。

私たちの脳の働きがそのようなものだとしたら、私たちの「意識」に感じられるものとは別に「経験」と呼びうるものを説明できることになるでしょう。外界からの刺激が脳の神経ネットワークのパターンとして保持されるとすれば、それが「意識」されるかどうかは関係ありません。私たちが「意識」するような質的感覚は、フロイトによれば、刺激に付随して起こる特殊な神経細胞の信号にすぎないものです。つまり、外界の刺激は、意識されることもあるが、意識にのぼらないような経験でも、無意識のまま脳内に蓄積されると考えられたのです。

ジークムント・フロイト

経験と呼ばれるものが無意識のまま蓄積されるとすれば、私たちが「記憶」と呼んでいるものもまた意識とは無関係に考えられることになります。「記憶」とは、経験されたことを単に蓄積するだけでなく、得られた経験を喚起できる機能だと考えることができるでしょう。記憶の作用によって、喚起された経験を現在の状況に当てはめ、現在の経験と過去の経験を結びつけて、外界についての認識を深めることができるわけです。

では、そうした経験の喚起は、どのようにして行われるのでしょうか。「記憶」による「認識」の働きをニューロン・ネットワークの機構として説明するためにフロイトは、経験を蓄積する有機体の内側からの作用を考える必要があると考えました。「経験」と呼ばれるものが、特定のニューロン・ネットワークのパターンにあたるとすれば、その経験の喚起は、そのパターンの再生と考えるべきでしょう。しかし、外界からの刺激がない状態で、そのパターンの「再生」はどうやって可能になるのでしょうか。

フロイトは有機体の内側からそのネットワーク・パターンに信号を発生させる仕組みを考えます。ニューロン・ネットワークのパターンとして蓄積された「経験」を、内側から活性化させることで喚起するメカニズムを考えたのです。そうした有機体の内側からニューロン・ネットワークを活性化させる能動的な作用を、フロイトは「欲動」と呼びました。その欲動の働きが、過去の経験を現在に結びつけ、外界についての経験を深める「認識」の役割を果たしているとされたのです。

このような欲動による「認識」の作用が、意識されることとは独立に考えられるということが重要な点です。経験の再生も加工も、ニューロン・ネットワークの働きと考えられるのですから「経験」と同様、意識されてもされなくてもいいものと考えられます。フロイトにおいて欲動の働きが、無意識的なものといわれる所以です。「経験」も「記憶」も、さらには「思考」と呼ばれる作用も、ニューロン・ネットワークの機構として考えることで、意識されるものとは無関係に経験の主体と呼びうるものを考えられることになるのです。

フロイトによる無意識の発見は、こうして経験の主体を「自己意識」とは別に考えられることを示しました。経験は「自己意識」がなくても蓄積されると考えることができるのです。確かにカントがいうように、経験が経験として可能になるためには、経験の主体が必要でしょう。そうでなければ、経験を経験として蓄積することはできません。しかし、その経験の主体は「自己意識」である必要はありません。カントはそのような経験の主体は「私」以外に考えられないといいましたが、そんなことはないのです。カントは他の可能性をまったく考慮することなく超越論的に「自己意識」がなければならないと考えました。

しかし、そうした要請には、何の根拠もないといわざるをえません。実際、カントのいうように超越論的な議論は、たしかに必要でしょう。すべてを経験から導くことはできず、どこかで経験が可能になるための条件を設定しなければならないというのは、カントのいう通りだと思います。そうして可能性の条件を考えることが哲学の役割だと考えられます。しかし、そのようなかたちで超越論的に要請しうるものは、ひとつとは限りません。フロイトが考えた神経細胞のモデルもまた、ひとつの超越論的な機構と考えることができます。フロイトの理論もまた私たちの経験が可能になる条件を別のかたちで示していると考えられるのです。

「私」の形成

では、「私」と呼ばれる自己意識は、どのようなものと考えられるのでしょうか。意識されることとは別に経験の主体を考えることができたとして、その経験の主体と「私」と呼ばれる自己意識はどう関係することになるのでしょう。経験の主体が「私」ではないとしたら、私たちが「私」と呼んでいるものは、いったい何であることになるのかということが問題になります。

フロイトによれば、「私」と呼ばれる「自己意識」は、一定以上の経験の蓄積の後、事後的に作られるものです。「私」という意識は、生後三年あたりを目処に、特定の過程を経て獲得されるといわれます。これは突飛な考え方だと思われるかもしれませんが、実際には私たちの経験的な観察によく合致しています。「私」という自己意識を生まれたばかりの赤ん坊に認めることはできません。経験の積み重ねの中で人は経験される物事を「私」という一人称で引き受けることができるようになります。人は誰でも生まれつき「私」であるわけではなく、特定の過程を経て「私」になると考えられるのです。

そうして「私」と呼ばれるものが、特定の成長の過程を経て成立するものだとすれば、それぞれの「私」は、その過程の違いによって、少しずつ異なる「私」である可能性も出てくることになるでしょう。フロイトは「エディプス・コンプレックス」と呼ばれる過程が一般的な自己意識の形成のされ方だと考えました。その過程を共有していることで、それぞれの「私」は同じ「自己意識」をもっていると考えられました。しかし、現実にはすべての人が同じ過程を辿るとは限りません。実際にそこから逸脱した「私」も多数存在します。人は誰でも同じ「私」であるとは限らないのです。

だとすればさまざまにありうる「私」たちを、同じ「私」と見なすことには酷い理論的な仮構があるといわざるを得ません。ひとつの「理性」を共有することは理念としてはありうるかもしれませんが、現実にありうる差異を消去し、特定の過程を経て出来上がった「私」を正常なものとして特権化する危険があるように思われます。現にさまざまでありうる「私」たちを、カントのように同一の

「私」を共有する「私たち」と考えることには、やはり大きな問題があるといわざるをえないのです。

それでも、「私」が「私」であることは、他にありようがない事実であるように思われるでしょうか。「私」は事後的に形成されるといわれても、にわかには同意しがたいと思われるかもしれません。「私」を中心にして世界を考えるということは、容易に払拭し難い近代社会の強い前提になっているように思われます。近代哲学の父といわれるデカルトもまた「私」を唯一確実な実体として捉えるところから哲学を積み上げました。

今日の社会で「ありのままの私」といわれるものとは、いったい何なのか――「私」をめぐる現代社会の魔法を解くために、その源泉をデカルトまで遡ってみたいと思います。

深度4　一六四一年：デカルトの「コギト」

デカルトの懐疑

よく知られているように、ルネ・デカルト（一五九六―一六五〇年）は、疑いうるものをすべて疑う中で唯一確かといいうるものとして「私」を見出しました。デカルトの懐疑は徹底的で、不確かなものは一切あてにしないという態度を貫きました。そのやり方は「方法的懐疑」と呼ばれます。「方法的」というのは、真理探求の手段として疑いが位置づけられることを意味します。疑いうるものを疑っていくとしても、それらのものが存在しないとか、嘘だと考えるわけではありません。「存在しない」や「嘘だ」という判定もまた、否定的なかたちでの判断になっています。確かな根拠をもって肯定することも否定することもできないものについては、一切あてにせず、疑いうるものをすべていったん判断停止の状態にペンディングするのが、デカルトのいう「方法的懐疑」でした。

では、ここからはデカルトと一緒に疑ってみることにしましょう。実際に自分でも体験することで、デカルトによって発見される「私」がどのようなものかがはっきり見てとれると思います。

まず「感覚」ですが、これをあてにすることはできるでしょうか。自分がこう感じたということがしばしば勘違いだったというのはよくあることでしょう。間違いがありうるというだけで、方法的懐疑を進める上では信用するわけにはいきません。少しでも疑いうるものであれば、確かなものとはいえないからです。こうして感覚は、一切信用できないことになりました。

つぎに「世界」です。私たちはこの世界が存在していると思っていますが、本当にそうでしょうか。感覚への信用を外した今、目の前に広がっている世界が本当に実在するかどうかを判断する基準もなくなります。リアルに感じられるこの世界は、もしかしたら単なる夢にすぎない可能性もあります。映画の『マトリックス』（ラリー＆アンディ・ウォシャウスキー監督）ではないですが、何か超越的な存在者の意図的な操作によって、世界が存在するかのように見せられているだけかもしれません。それはいかにもSF的な話で信じるに足らないもののように思われるかもしれませんが、その可能性を否定することもできないように思われます。決定的に否定できる材料が存在しないなら、目の前にある世界の存在も疑いうることになるでしょう。こうして、世界の存在もまたあてにできないものになりました。

そうすると、ある意味で当然ではありますが、自分の身体も本当にあるのか怪しくなります。何しろ世界があてにできないのですから、その中にある自分の身体も疑えます。身体の存在は内部感覚を通して生き生きと感じられるように思われますが、感覚はすでに信用できないものになっているのでした。だとすれば、どうして自分の身体だけが例外になりうるのでしょうか。荘子は、蝶になって飛ぶ夢から覚めた後、自分が蝶の夢を見ているのか、蝶が荘子になった夢を見ているのかを区別できるだろうかと問いました。自分の身体と思っているものが夢ではないかということもまた、疑いうることのうちに入ります。デカルトもまた、目覚めている状態と夢の状態を区別することはできないといいます。確実であるように見える自分の手足でさえ、それが実在しているかどうかは不確かだと見なされるのです。

ルネ・デカルト

夢を見ているとしても、数学における演繹的な論理など、どんな場合でも変わらない真理はあると思われるかもしれません。デカルトはしかし、そのような真理もあてにならないといいます。自然科学はすでに「世界」の存在とともに宙吊りにされました。自然科学は、経験的な観察に基づいて法則を導き出す「科学」ですが、世界の存在自体が確かなものではなくなった以上、観察される事実自体が疑いうるものになっているのです。では、演繹を用いる論理学や数学はどうでしょう。演繹は、理性的な推論として経験によらずに「正しい」結論を導き出すことができる論理でした。そのような演繹的な真理であれば、どんな場合でも「正しい」といいうるようにも思われます。デカルトはしかし、演繹的な論理についても疑いうると拒否します。誰が考えてもいつでも「正しい」と見なされる真理もまた、何か超越的な存在が私たちにそう思わせているだけかもしれません。「永遠の真理」と思われるような事柄でさえ、あてにすることはできないとデカルトはいうのです。

さて、こうなるとすべてが疑いうるものになってしまい、どこにも確かなものなどないように思われます。「疑いうる」という観点から検証してみれば、あらゆるものは結局不確かであるということになってしまうように思われるのです。もちろん、疑ってみたからといって目の前にあるものがなくなってしまうわけではありません。しかし、それが何であるのかは、もはや分からなくなります。取り立てて根拠を考えずに漠然と信じてきたこと、今なお目の前にあるように思われるものは、本当のところ、何なのでしょうか。

このあたりは、実際にどれだけ自分で懐疑の度合いを深めたかによって大きく異なるところですが、一度本気でやってみると世界の底が抜けるような強烈なインパクトがある体験が得られるでしょう。あまり本気で疑うと「神」のような超越者の存在を簡単に受け入れたくなる気持ちになるということは付言しておくべきかもしれません。大抵の場合は単なる知識として知ることになるデカルトの方法的懐疑ですが、実際にやってみると「神など存在しない」と高をくくったように近代社会の価値観に埋没している日常が一気に吹き飛ばされるような不確実性の中に落とし込まれます。それまで信じてきたすべてが不確かになり、自分の存在も含めて何が何であるかも分からない状態に陥ることになるのです。

「私」の発見

しかし、デカルトはその茫漠とした不確実性の中で、ふと気がつきます。疑いうるものをすべて疑い、ほとんどすべての物事が不確かになる中で、それでもこうやって「疑っている」ということだけは確かだといえるのではないか。疑っているということ自体は疑えないということが、ここで一条の光のように灯されます。「疑う」というのはひとつの思考作用ですから「疑うこと」の確実性とは、つまり「考えること」の確実性だということができるでしょう。ここから有名な推論が展開されます。「私は考える（＝疑う）、ゆえに私は存在する（コギト・エルゴ・スム）」です。

「考えること」の確実性からデカルトは「私」という存在の確実性を導き出しました。他のあらゆる物事が不確かだとしても「私」は確実に存在するということが、デカルトの懐疑から導かれたのです。「私」が「私」であることは、そこで唯一確かなことと見なされます。「私」という存在が近代社会を構想する上で前提にされる理由も、このデカルトの発見が起点になっていると考えられます。

では、このデカルトの議論は、実際に「私」の存在の確実性を示しているのでしょうか。懐疑の場面にもう一度立ち返って見てみます。デカルトが見出した「私」の確実性は、実際のところ、思考作用の確実性だったことを思い出してください。「疑う」という思考作用が働いていることは疑い得ないといわれていました。だとすれば、そこで確実なのは「私」という時間を通じて同一の存在ではなく、思考作用そのものだと考える必要があります。デカルトがいうように「私が存在するのは、私が思惟する限りにおいてである。私がすべての思惟をやめれば、その場で私が存在するのをやめるということもありうる」（デカルト『省察』「第二省察」）のです。実際に確かなのは「今現に疑っている」という思考作用の確実性なのでした。

これは実際に、懐疑の中で私たちが見出したものでもあります。「私」は、少なくとも身体をともなって世界にあるようなかたちでは存在するといえない状態になっていました。あらゆるものが懐疑の闇に葬られていく中で、唯一確かだといえるように思われたのは「私」などという安寧な存在ではなく、わずかに今思考作用が働いていることでしかありませんでした。最後のところで一気に現代社会の魔法に囚われないためには、見出された確実性の実際のあり方をきちんと手放さずにいる必要があります。

確実といえるものが思考すること自体であるなら、その思考の主体が「私」である必要はどこにもありません。問題になる場面はまったく異なりますが、フロイトの指摘はここでも有効です。すべてを疑った後に見出される思考の確実性を説明するために「私」の存在に訴えなければならない必然性はないのです。現に機能していることを確認できる「思考」を説明するためのモデルは別のかたちでも考えることができます。

「我思う、ゆえに、我あり」というデカルトの有名な推論は、それゆえ、論理的に飛躍しているといわなければなりません。「私」という存在は、デカルトの懐疑においてもまた何らかの仕方で事後的に見出されるものと考えなければならないのです。

その問題は実際のところ、デカルト自身がよく分かっていたことでした。デカルトは「我思う、ゆえに、我あり」という推論によって「私」の存在をかりそめに確保した後すぐ神の存在証明に入り、あらためて「私」を神によって造られた存在だと主張することになります。現代から見るとデカルトがなぜ、せっかく確立した「私」の確実性を神学に引き戻さなければならなかったのかが分からないように思われます。「私」の確実性が得られたなら、あとは神などに頼らずに「私」を中心とした世界観を構築すればよいではないか、と。しかしデカルトにとっては、あらためての神の召喚は不可欠なものでした。そしてそれはまさに、思考作用だけでは「私」の存在は確立できないことをデカルトが知っていたからだと考えられるのです。

デカルトの文脈に戻りましょう。確実なのが思考作用だけだとすれば、思考の主体がいつも同じ「私」であるとは限りません。その都度の思考作用にともなって、何らかの意識的な現象が現れるとしても、それらの意識現象を根拠として「私」という時間を通じて同一の自己意識が成立する可能性はどこにもありません。では、その都度の思考作用にともなって現れる意識現象が常に同一の「私」の存在を明らかにすることはどうやって可能になるのでしょうか。フロイトの文脈でいえば、「私」と呼ばれる「自己意識」の成立過程をめぐる問いが生起していることになります。

つまり、ここではまさにデカルトにおける「エディプス・コンプレックス」が問題になっているわけです。デカルトもまた、その都度の思考作用が現に常に同一の「私」の存在であることは、ほとんど奇跡のようなことだと考えました（伊藤 一九七〇、二四三頁）。それは「私」を同一の存在として創造し続けるような神の意志を想定しなければ説明できないと考えられたのです。これは実際、懐疑の闇の中で手にした確実性に誠実であろうとする限り、避けられない結論だったと思われます。今この瞬間に確実だと思われる思考作用があったとして、それは何に由来するものだというのでしょう。思考が失われれば消え去っていく「私」の存在がひとえに自分の手で創られるものということなどできないという考え方のほうが、徹底した懐疑を経た上でのより誠実な態度のようにも思えます。少なくとも現代社会の「当たり前」を読み込んで無根拠なまま「私」の存在を引き出すよりも誠実な態度ではないでしょうか。

神の召喚というといかにも前近代的と思われるかもしれませんが、徹底した懐疑の中にすべてが失われていくときに超越的な存在への回路が発生しうることは、先に私たちも確認しました。デカルトにおける「エディプス・コンプレックス」とは、つまり、瞬間ごとに「私」を再創造し続ける神の要請によって成立するものだったのです。

このように考えればデカルトの「私」が、今日私たちが確実だと考えるような「私」でないことは明らかでしょう。デカルトにおいて「ありのままの私」とは、神によってそのような存在として創造され続ける「私」でした。デカルトの「私」は、カントやリベラリズムが想定する「理性的存在者」としての「私」ではなく、デカルト独自の神学によって見出されるものだったのです。

深度1　一九二三年：無意識を操作する広告技術

では、今日の私たちが「ありのままの私」といっているものは、いったい何なのでしょうか。現代社会に戻って考えてみましょう。今日の私たちは「私」であることを前提にして生きています。経験の主体が「私」とは言い難いような実例がフロイトによって示された後も、同じ前提の上に立っています。「うちらはうちらで」と公共的な議論には無関心な人々の「私」は、どのような構造の上に成立しているのでしょうか。その謎は、「私」ではない経験の主体に働きかける広告技術の発展を見ることで明らかになります。

無意識の欲望に訴えかける広告技術は、フロイトの甥であるエドワード・バーネイズ（一八九一―一九九五年）によって確立されました。バーネイズによれば「パブリック・オピニオン」は、「私」たちが自らの意見を公共の場で議論することによって形成されるのではなく、広告技術によって形成されます。「私」は経験の主体ではないというフロイトの理論が産業技術の発展に応用されたのです。

集団の不合理な行動

バーネイズは「社会的な振る舞いの動機は、個々人の本能が基礎になっている」（Bernays 1923, p. 102）といいます。「本能」という言い方にフロイトに対する若干の誤解が見られますが、バーネイズのいわんとすることは明らかでしょう。人々は自分自身でそれをどう意識しているかどうかは別にして、各人の無意識の欲望に従うのだというわけです。こうした考え方にはフロイト理論の影響があります。バーネイズは実際に、フロイトの影響を受けたさまざまな学者の学説を引用しながら、議論を進めていきました。

そうした無意識の欲望は、しかし、各人の自由に委ねられるものではなく、特定のロジックに従って方向づけられます。実際にはもう少し詳しい検討が必要なところですが、ごく簡単にいえば、社会的な規範に従うことが自分の利益になるようなかたちで「私」を形成するというのがフロイトの理論です。バーネイズもまた同じことを「その本能は、集団の要求に服従しなければならない」（*ibid.*）という言い方で簡潔に述べています。特定の集団に属する人間は、各人の無意識の欲望を抑圧しながらそのグループに属するというわけです。

こうした無意識の欲望の抑圧は、集団の規範が変えられることに対する本質的な保守性を帰結するとバーネイズはいいます（*ibid.*）。特定の集団内だけで通用するような「一見するところもっともだけど、なんだかおかしい論理」が出来上がるのはそのためだとバーネイズはいうのです。人々はそうして互いの行為を縛りながら生活しているといわれています。フロイトの集団心理学の応用としては稚拙なところもありますが、こうした人々の振る舞いが「私」の自由を前提にする議論では説明しづらいことは確かです。

> 平均的な市民が、世界で最も威力を発揮する検閲官である。彼自身の思考が、彼と事実とを隔てる最も大きな障害になっているのである。彼がもつ「論理的に証明された小部屋」、彼の絶対主義が、物事を経験や思想との関係で見ることを妨げ、集団内のリアクションの観点でしか見れなくさせているのだ。（*ibid.*, p. 122）

バーネイズがいうように、理性的であるはずの人間はしばしば、集団として極めて不合理な行動をとります。集団心理学の発展とともに明らかにされたこの事実を、バーネイズは人々の行動を操作するための技術へと結実させようとするのです。

「顧客」という名の「偏りのない観察者」

こうした集団の頑迷さを変えていくためには、その性質を利用することが重要だとバーネイズはいいます。「広告技術が公衆をトレーニングすることで、彼は彼自身のグループから出て、偏りのない観察者の視点で物事を見ることができるようになる」(Bernays 1923, p. 122)。ここで「偏りのない観察者」というアダム・スミスの言葉が使われているのは偶然ではないでしょう。広告技術による無意識の欲望への働きかけは、バーネイズによれば、公衆に「善悪」の判断を付けさせるものと見なされました[2]。

エドワード・バーネイズ

広告によって人は「個人的な見解や集団的な思考を、彼の顧客の視点から見られるようになる」(*ibid.* 強調は引用者)とバーネイズはいいます。「お客様は神様です」ではないですが、「顧客」という「偏りのない観察者」の視点を内在化させることが、市場原理が示す客観的な「価値」に人々を開いていくために必要なことだというのです。ハーバーマスが『公共性の構造転換』(一九六二年)を書く四〇年近く前に、広告の実践家によって「偏りのない観察者」の視点を与えるのはマスメディアだと看破されていたというのは、ある意味で痛快なことかもしれません。

広告による「公共意識」の形成

では、どうすれば広告技術によって「パブリック・オピニオン」を形成できるのでしょうか。「成功するために必要なのは、動機に訴えることだ。動機というのは、欲望の力によって創造された意識的、無意識的な圧力の活性化である」（Bernays 1947, p. 118）とバーネイズはいいます。「ニュース」を意図的に作り出し、企業やイベントなどの「タイアップ」による波状攻撃で「公共意識」を作り出すことが重要だというのです。その「ニュース」に実質的な意味があるかどうかは関係ありません。それが「ニュース」でありさえすれば、人々はそこに一般性があるかのように見なして「公共意識」を作り出すとバーネイズはいいます。芸能人の私的な発言が「ニュース」として取り上げられ、信憑性の定かでない「オピニオン」が共有すべき「公共意識」であるかのように流布される仕組みが、二〇世紀の初頭においてすでにひとつの技術として提案されていたことが分かります。

バーネイズの実務家としての手腕を示す例は枚挙に暇がありませんが、彼は実際にこの技術を用いて業界で大きな成功を収めました。例えば、ベーコン業界の依頼を受けて「栄養価の高い朝食が望ましい」というキャンペーン（それは文字通り情報戦です）を展開し「ベーコンエッグ」の朝食を標準化してみせたというのは有名な話です。「広告の使命は、公共的な意識の創造によって、その高い有用性を社会に提供することにある」（Bernays 1923, p. 218）というのがバーネイズの自負するところでしれたのです。バーネイズにとって広告技術は、無知な公衆に「正しい観念」を植え付けるための手段と見なされたのです。

「正しさ」の責任

しかし、その「正しさ」の責任は、誰が取ることになるのでしょうか。流行を意図的に作り出し、望ましい「パブリック・オピニオン」を作り出すことが広告の目的だとして、その流行の「正しさ」を広告会社が請け負うわけではありません。仮にバーネイズの考えるような「エリートによる大衆のコントロール」が必要だったとして、その結果引き起こされたことの責任は、コントロールされた大衆に帰されることになります。行為の責任は、あくまでそれぞれの「私」に求められるからです。実際には無意識の欲望への働きかけによるものだったとしても、行為した人間が個々の「私」である限り、責任はあくまでそれぞれの「私」に帰されることになります。人々が自分の欲望に騙されることで社会が発展していくというのがスミスの議論でしたが、その帰結は結局、騙された人々の責任に帰されるのです。

「ありのままの私」とは何か――この章ではこの問いを縦軸にして哲学史を掘り下げてきましたが、それは結局、広告技術などの無意識への働きかけによって作られた「私」であるということができるでしょう。そのような「私」は、他者との理性的な対話に開かれたものでも、誰もが納得するような客観的な論理を目指すものでもありません。しかしそれでも、その「ありのままの私」は、他の人々も同じメディアによって操作された「私」であることを根拠にして、その判断の普遍性を要求できるのです。「意識高い系?」と語尾を上げるだけで同意を強要することができるのは、その「ありのままの私」の背後に「偏りのない観察者」を僭称するメディアが控えているからなのです。そうした判断が単に独善的なものでないのは、彼ら／彼女らが、時に著しい偏りをもつメディアの「一般性」には盲目的に従う傾向があることからも理解できます。「うちらはうちらで」という公共性への訣別は、内に閉じるものではあっても、自分が多数派に属するという確信の上に成立しているのです。

しかし、そのようなかたちで「ありのまま」であり続けることは、無意識の欲望の操作に自らを委ねることにほかなりません。「ありのままの私」であることは、「私」という仮構された枠組みに束縛されることを意味します。現代社会を支配する「私」の魔法を超えたところで、私たちはどのような社会を構想しうるでしょうか。

最後の章ではあらためて歴史的な過程を振り返って魔法の実相を明らかにした上で、来たるべき未来の社会のあり方を提示してみたいと思います。

欲望の哲学史から未来へ

ここまで、現代社会を支配する五つの魔法を見てきました。それぞれの魔法の源泉を辿ったことで、私たちの社会でどのような幻想が作用しているのかが見えてきました。それらの魔法から自由になるために、あらためて現代社会を支配する思考の枠組みがどのように形成されてきたのかを見たいと思います。これまでの議論では時間を遡るかたちで魔法の源泉を辿ってきましたが、今度は初期のころから時間の流れを追っていきます。五つの魔法が互いに絡み合い、大きな流れをなしていることが確認できるはずです。

そうして私たちが生きている「現代社会」の成り立ちが明らかになれば、この先に進むべき未来もまた自ずと明らかになるでしょう。「現代社会」と呼ばれてきたものの功罪を一度清算することで、すっかり魔法が晴れた地点から新しい社会を考えることができるはずです。

深度4　〜一六九九年：脱権威の欲望

これまで掘り下げてきた中で一番深い層は、イタリア・ルネサンス期でした。フィチーノによるヘルメス文書の翻訳にはじまる古典復興の時代です。ヘルメス文書の世界観は、それまで支配的だったアリストテレス的な「自然」の見方を転覆させ、まったく新しい「自然科学」を作り出しました。「美」とは異なる「優美＝恩寵」という考え方が定着したのも、ヘルメス文書に端を発したルネサンス期の新プラトン主義の影響でした。

この時期に掘り起こされた古代ギリシアの文献は、近代にかけてさまざまな改革の下地になります。古代に懐疑論をとなえたセクストス・エンペイリコス（二～三世紀）の翻訳がデカルトの懐疑を準備し[1]、古代原子論の考え方がピエール・ガッサンディ（一五九二―一六五五年）を通じてイギリス経験論やニュートンの自然観に流れ込みました。その時代に起きたことは何だったのか。ごく簡単にマッピングしてみましょう。ここで示せるのは見どころ案内の観光マップ程度のものですが、実際に行ってみればまたそれ以上の魅力を見つけることができるでしょう。

「ペラギウス主義」という烙印

この時代でおさえておきたいのは、神への信仰という枠組みが保持されているという点です。基本的な対立軸は、「アリストテレス主義」と「反アリストテレス主義」、すなわちヘルメス文書を契機とする諸々の改革の流れです。それはキリスト教神学内部での対立でした。「反アリストテレス主義」の系譜はニュートンに至る「自然科学」に連なります。先に見たように、ニュートンは新しい「自然学」を、それまでとは異なる「神学」として理解していました。神学上の改革という契機を見落とすと、現代社会の魔法の作用も分かりにくくなります。

この時代の思想家たちが乗り越えようとした「アリストテレス主義」の来歴を詳しく掘り下げる作業に立ち入るのは、ここではやめておきます。しかし、そのアリストテレス主義も一二～一三世紀にイスラム世界から輸入した思想の影響下で形成されたことだけは確認しておきましょう。というのも、その際に問題になった「ペラギウス主義批判」が、その後のアリストテレス主義に対する批判でも重要な参照点になるからです。

一二〜一三世紀当時、西洋社会にはアリストテレスの著作はいくつかのものを除いてほとんど伝わっていませんでした。地理的にも歴史的にもギリシアに近かったイスラム世界の方が古代ギリシアの遺産を受け継いで思想的な発展を遂げていました。近世の思想家たちが乗り越えの対象にした「アリストテレス主義」は、一二〜一三世紀にイスラムの影響を受けて成立したものだったのです。

アリストテレスを輸入する際に問題になったのが、ペラギウス主義でした。ペラギウス（三五四頃—四二〇年頃）自身はそれよりも前の時代の人ですが、「徳を積み重ねることで人間は救済に近づく」と唱えたことで異端とされた人物です。それ以後、キリスト教神学の世界では「ペラギウス主義」と見なされることは異端宣告と同等の意味をもつようになりました。それは、他派に対する強い批判の言葉になったのです。アリストテレスが輸入された際、この新しい考え方が「ペラギウス主義」ではないかと批判されました。アリストテレスの哲学が「知」を重視しているため、この世界についての知を積み重ねることが人間が救われるための条件になるという誤った考え方が人々に流布されるのではないかと懸念されたのです。

結果的にはトマス・アクィナス（一二二五頃—七四年）によるキリスト教神学の体系化によって、この批判は退けられます。「ペラギウス主義」という誹《そし》りを周到に避けることで、アリストテレス哲学に影響をうけたキリスト教神学は、その後のキリスト教世界の正統的な教義になっていきました。それでも、「ペラギウス主義ではないか」という嫌疑は、時代を越えてアリストテレス主義に対する批判の火種になったのです。

しかし、ペラギウス主義はなぜ誤っていると見なされたのでしょうか。それはペラギウス主義を採ることで信仰の地位が危うくなるからです。徳が救済の条件なら、徳がないと救済されないことになるでしょう。ところがキリスト教においては、人々に善行を促すこと以上に信仰を守ることが非常に重要な契機とみなされます。救済は、神の恩寵に与《あずか》ることではじめて得られるのであって、善行を積んだ結果、権利として要求できるようなものではないと考えられました。徳の積み重ねが、神の恩寵を一心に乞い願う信仰を蔑《ないがし》ろにすることになったら、キリスト教社会自体の存続が危ぶまれると危惧されたのです。

この「ペラギウス主義批判」は、近代に至る反アリストテレス主義の流れの中で、教会の中央集権的な構造を解体するためのひとつの支点になりました。「富」の章で見たように、プロテスタント神学によるアリストテレス主義批判は「善行を積む」という考え方に向けられます。プロテスタント神学は、贖宥状を買うのを「徳」と見なすことを批判するのではなく、徳を積むことが救済につながると考える「ペラギウス主義」を批判し、それが強大になった教会の権威から人々を解放するための手段とみなされたのです。

「善行とは何か」の定義を教会の権威に委ねるのではなく、個々人の信仰にこそ救済の道があると説いたのがプロテスタント神学です。プロテスタント神学は、そうす

ペラギウス

ることで教会の権威から脱し、信仰を「個人」のものとみなすようになりました。

不可知論の射程

プロテスタント神学におけるペラギウス主義批判の契機は、その強い不可知論にも影響を与えています。人間が知りうることには限界があり、最終的な救済はすべて神の意志に委ねられるというのがプロテスタント神学の考え方です。自分が実際に救済されているかどうかは現在の「よい状態」によっては保証されないということが、不断の努力を求める心性をもたらしました。

そうした考え方がアダム・スミスによる経済学の成立に影響を与えたことは「富」の章で見たとおりです。人々はそれぞれの限られた視野の中で自分の欲望に騙されますが、神の見えない手が結果として社会を発展させるというのがスミスの思想でした。「私にはよくわからないもの」という表現が一七世紀に積極的な意味をもつものとして多用されたことにも、不可知論の影響を見ることができます。「優美＝恩寵」は、幾何学の精神による知的な理解では捉えられないものでありながら、人間の運命を左右するものと見なされたのです。

ニュートンもまた、「科学」の章で見たように、人間に知られることは限定されているという不可知論の上に自然科学を展開させました。神の意志はいつでも自由に絶対空間に介入できるのであり、自然科学は人間にとっての部分的な真理を明らかにするという立場をニュートンは守りました。人間の精神作用に関わる事柄は神のみが知りうるものであり、私たちが知りうるのは受動的な物質世界の性質に限られるというのがニュートンの立場だったのです。それは「自然」についての包括的な理解を提示することを放棄し、技術としての「科学」のあり方を方向づけるものだったと思われます。人間が知り得ないことを知ろうとすることは、「ペラギウス主義」はやがて無神論に陥るというニュートンの危惧とは裏腹に、それは資本主義に発展していったのです。

こうした「ペラギウス主義批判」によって、アリストテレス主義的な神学が解体されていく構図が、この時代の大きな特徴だといえるでしょう。デカルトやホッブズもまた、思想史の大きな流れの中では「反アリストテレス主義」として括られます。こうした反アリストテレス主義の展開によって中世のキリスト教がもっていた権威が解体され、個人を基礎にした「新しい神学」としての近代が開かれていくことになったのです。

深度3　一七〇〇～九九年：世俗化の欲望

スミスとカント

ロックやニュートンに続く世代の思想家たちは、神学からの脱却を図ります。アダム・スミスとカントは、わずか一歳差で同時代を生きた思想家ですが、それぞれの仕方で思想の「世俗化」を目指しました。

すでに見たように、スミスはロックの経験論を受け継ぎながら「神」という概念を排した道徳論を構築しました。共感の快楽をもとめた個々人の欲望の追求が、偏りのない観察者を内在化させる道筋を示したのです。「偏りのない観察者」は一般的でありさえすれば道徳の機能を果たすものとされたので、流行でもかまいません。流行の追求は必ずしも個々人の幸福に結びつかないかもしれませんが、スミスにとって、それは問題ではありませんでした。その「無駄」な努力によって、社会全体で「道徳」が機能し、産業が発達するのであれば、そうした欺瞞の働きは「よいこと」と見なされたのです。

他方、カントは「理性」に訴えることで神によらずに「正しさ」を判断できると考えました。形而上学的な物事についての論争は、互いに正しい理性的推論をしても反対の結論を導き出すことができてしまいます。それゆえカントは、経験に基づいた判断の客観性を問題にしましたが、各人がそれぞれの経験に基づいて判断するとなれば、そこには食い違いも出てくるでしょう。そこで、それぞれ経験に基づいた判断が客観性をもちうるのは、私たちが同じ「私」を共有することによるとされました。私たちは「理性的存在者」であるがゆえに、同じ「正しさ」を共有できるというわけです。

カントとスミスは、ともに神によらない議論で「正しさ」を示しましたが、こうした「世俗化」の試みは宗教を否定するものではありません。カントやスミスは、神を根拠から外しただけで、宗教的な感性まで排除したわけではなかったのです。宗教的な感性はむしろ「個人」の事柄として生き続けました。この点で世俗化の思想は、プロテスタント神学における宗教の個人化と地続きになっていることが分かります。

多少なりとも分かりにくいところではありますので、分かりやすい対比をもってくることにしましょう。次の時代の思想家にはなりますが、ここでマルクスの「ユダヤ人問題によせて」を参照したいと思います。

「世俗化」の問題

マルクスが「ユダヤ人問題によせて」を発表した一八四四年ごろ、ドイツではユダヤ人に対する差別が社会問題になっていました。当時ユダヤ教徒はキリスト教徒と同じ権利を与えられず、都市内での隔離生活を強いられるなど、ひどく差別されていました。ユダヤ教徒が同等の権利を獲得したいのであれば、ユダヤ教を棄ててキリスト教に改宗しなければならないという圧力がかけられていたのです。

こうした問題に対しては、もちろん「政教分離」の立場から批判がなされます。宗教的な対立を政治まで広げないというのが近代国家の原理であり、ユダヤ教徒の宗教的態度を問題にするのであれば、同様の批判的な意識をキリスト教徒自身にも向けなければならないという批判がなされました。こうした議論が「世俗化」を目指す近代国家に典型的なものであることはご理解いただけるでしょう。

マルクスはしかし、その世俗化の議論をさらに批判します。世俗化の議論は、宗教を政治から排除するだけで、かえって宗教の「個人化」を促進することになるというのです。マルクスによれば、プライベートな領域における宗教の自由は、人々が心から共同体に参加する道を閉ざすものでした。マルクスのいうように人間を「類的存在」として統合するような社会が実際に望ましいかどうかは考えなければならない問題です。[2] そこには別のかたちの「私たち」に人々を統合していく圧力があるように思われます。
ともあれ、マルクスの指摘によって「政教分離」と呼ばれるものが、個人の領域での「宗教」を存続させる機能を果たしたことが論点として浮かび上がりました。「世俗化」は、宗教を否定するものではなく、むしろ宗教の「個人化」をもたらすものだったのです。

では、「個人化」された宗教は、どうなったのでしょう。教科書的な理解では「世俗化」は、人々の内面の「自由」をもたらしたとされます。政治では「公共性」を意識するとしても「個人」の領域でどのような予断をもっているかは問題にされません。宗教団体を基盤として内面的に特定の宗教的価値観に強く影響を受けていても、それを公の場で表明しなければ問題ではないとみなされるのです。

しかし、実際には「近代化」の過程において「自由」なはずの内面は、特定の「私」に統合されるように方向づけられていきました。スミス的な世俗化によって「私」は、内面の「自由」を持ちながらも、共感による「一般性」を規範とする「私たち」の一員になるよう促されます。それぞれの「私」は、市場の価値判断が「客観的」と見なされる中で、私的な領域での「自由」を認められるのです。内面の「自由」はその限りで、「客観的」な価値の尺度に合致するよう、あらかじめ方向づけられていると考えられます。

カント的な世俗化を考える場合も、それぞれの「私」は「私」である限り「同じ」と見なされます。「私」はすでに「私」であることによって理性的な共同体の一員だと考えられました。カントの考える「自由」は、スミスより直接的に理性的な道徳法則への従属を求められます。そこではカント的な「私たち」の一員であることにおいて「私」は「自由」と見なされるのです。

スミス的な「私」であれ、カント的な「私」であれ、人々がすでに「私」である限り、特定の「私たち」のひとりと見なされる構造があることが分かるでしょう。キリスト教であれ、ユダヤ教であれ、宗教的なコミュニティは現代に至るまで存続していますが、「私」は「私」である限り、世俗化された社会の規範に従うことが求められるのです。「自由」であるはずの内面は、そのときまさに「私」という思考の枠組みによって見えなくされる無意識の欲望への働きかけを受けることになります。「自由」であるはずの内面は、当人が意識しないうちに特定の「私たち」を共有するよう促されるのです。

世俗化とは、その意味において、根拠なく「正しさ」を断定する「宗教」の機能を、無意識の領域に残すものになっていると考えられます。カントとスミスの時代に果たされた世俗化は、そうしてプロテスタント神学における宗教の個人化を継承し、無意識下で機能する「私たち」の機能を現代につなぐ役割を担いました。

深度2　一八〇〇〜九九年：産業化の欲望

産業化の進展

スミス的な「私たち」の共有は、次の時代の社会に大きな産業の発展をもたらします。「自分もそうなりたい」という夢を見て「富」を獲得するために一身を投げ出す人々の「勤勉さ（industry）」が「産業（industry）」を発展させるというスミスの論理は資本主義として結実しました。市場の価値判断を唯一の「客観的」なものと見なす社会が、等しく人々の欲望を反映して「公平」な判定を下すものと見なされたのです。

そうした社会は、しかし、産業の著しい発展をもたらすと同時に、労働者の貧困をもたらします。スミスを奉じる経済学の理論では、貧困は存在するとしても一過性のものにすぎないと考えられました。人々が「自由」で「勤勉」であれば、社会全体の富の総量は増加する。そうして、交換が円滑になされれば、各自の労働に見合った取り分を得るはずだというのが、経済学の見解だったのです。

ところが、その約束は守られませんでした。理論とは裏腹に、労働者の貧困は拡大していき、都市部にはスラムができて、労働者たちは劣悪な環境で生活することを強いられるようになりました。なぜそのようなことが起きたのか。理由は単純です。いかに「自由」な取引であっても「労働力」を売って生活する人々の方には、捨て値でも売って生活しなければならないという条件がついていたからです。労働者同士で集会を開き、団結して賃金交渉することは「自由」な取引を阻害するものとして厳しく取り締まられます。労働者は、あくまで「個人」として取引することを求められ、その結果、労働者の賃金は、生存できるかどうかギリギリの値段にまで抑えられることになりました。労働者を等しく厳しい環境におくことが、当時の資本家にとっては賃金の上昇を抑えて利潤を引き上げるために有効な手段だったのです。

こうした状況では、資本家と労働者の対立が激しくなることは、ある意味で当然の成り行きです。

マルクスは、スミスの経済学を批判的に検討しつつ、労働者による革命の必要性を訴えました。対立をなくして資本主義社会の中で労働者の権利を獲得しようとする運動も存在していましたが、マルクスはあくまで革命を訴え、対立を激化させる方向に活動を展開していきます。その結果、マルクスの考える「私たち」へと人々を統合する共産主義国家が成立します。しかし、労働者のための社会を目指した試みは、やがて一党独裁のシステムを生み出すことになりました。

感性の共同体の試み

他方でこの時代には、「個人」へと分離された人々の間で感性の共同体を作ろうとする試みがなされました。「美」の章で見た「芸術」の誕生です。「私」と呼ばれるものの内実を掘り下げることで「オリジナリティ」が生み出されると考えられるようになり、その価値を共有することで「私」たちの間で感性の共同体を作ることが目指されました。それは産業化していく社会の中で分断される「個人」の間に、市場価値とは異なる価値観の共有を志向します。

しかし、そのような考え方もそれまでの時代に確立された「私」の枠組みを前提にしていました。神が定めた世界の自然＝本性の模倣から離れて自分自身の内面に創造の源泉を探るという道筋は、実際、権威からの解放という近代の大きな流れの中に位置づけられるように思われます。物事の「自然＝本性」とはこういうものだと権威によって価値が決められるシステムにおいて「創造性」は、神にのみ許されたものでした。自然の模倣を離れて「個人」の中での自然との対話に価値の源泉を見ることは、宗教の個人化と無関係ではありません。「天才」の神格化は、「個人」の内面における超越との出会いによって保証されるものでした。その考え方は、反アリストテレス主義がもっていた脱権威の中に位置づけることができるでしょう。

他方でしかし、そうした芸術の個人化は「個人」の枠組みを越え、感性の共同体を目指すものでした。「私」の内面の掘り下げは、同時に「私たち」の間での感性の共有を目指すものでもあります。「美」の章で見たように、芸術家はそれぞれの「オリジナリティ」を示すことで既存の芸術を批判し、常に新しい芸術の形式を共有することを志向しました。オリジナリティに価値をおく芸術は古いスタイルを乗り越え、発展しながら、総体として「ハイカルチャー」と呼ばれる感性の共同体の歴史を積み重ねていきます。「芸術」という感性の共同体の歴史を共有する「私」たちが、それぞれのオリジナリティを競う道筋は、資本主義的な社会とは異なるかたちの「私たち」を志向するものだったのです。

深度1　一九〇〇〜九九年：民主化の欲望

「大きな物語」の終焉

社会全体で「大きな物語」を共有し、市場の判断とは異なる仕方で「価値」を担保しようとする試みは、しかし、次の時代に終焉を迎えることになりました。「美」の章で見たように、芸術の発展はやがて「芸術」という枠組み自体を揺るがすことに「価値」を見出すようになります。そうして、

「オリジナリティ」は個々人のものに還元されていきました。ハイカルチャー全体でひとつの同じ感性を共有するところから離れて、価値判断は市場に委ねられます。批評やメディアを通じて「一般性」を高めることが、アート市場における「価値」を決定するようになったのです。

代わって台頭してきたサブカルチャーは、社会全体で「大きな物語」を共有することから離れて、それぞれの「私」が小さな物語を消費する方向にシフトしました。他人の価値判断には立ち入らず「人それぞれ」の枠組みの中で、好みの作品を消費するというのが鑑賞者の基本的な態度になります。それぞれの「私」の中に引きこもり、社会と距離を取りながら各自の小さな物語を楽しむという「オタク」的な態度は初期のサブカルチャーに顕著で、近年はむしろ資本主義社会の「厳しさ」の中に「私」を投げ入れる心性が、サブカルチャーでも求められているといわれます。

しかしいずれにしても、そこではスミス的な「自由」を享受する「私」が前提になっています。サブカルチャーにおける「価値」は、消費者としての「私」の枠組みの中で示されるものになっているのです。

正義の再構築

こうした経済主義に抗して、カント的な「私たち」の再構築も試みられました。「正義」の章で見た、新しいかたちでの社会契約論を展開したロールズや、公共的な場における対話を民主主義の基礎と考えるハーバーマスなどの議論です。それらはともに、理念として設定された「私たち」への参与を求める点で共通した試みだったといえるでしょう。無知のヴェールに隔てられた「原初状態」の仮定を受け入れることも、個々人の利害関心から離れて公共的な議論に開かれることを各人に求めることも、「よりよい社会」のビジョンを共有する「私」たちの共同体にコミットすることが条件になっているのです。

しかし、そうした試みは、別様にもありうる「私」を正当な理由なく普遍化するものだったといわざるをえません。「私」という枠組みを設定する際に共有される理念を、あたかも最初からそれしかないと考える点で、ある種の強制力をもつものとなっていたのです。スミス的な「私」の享楽に浴する人々を批判して「公共性の欠如」を嘆いてみせる態度は、ときに徹底した「不寛容」を示すものでした。スミス的な「私たち」の社会がどれだけの不都合を人々に強いるものだったとしても、コミットしたつもりのない別の理念を突き付けて本当の「私たち」はこれだというだけでは、人々の反発を買うだけでしょう。

そこで本当の「私たち」といわれるものは、実際には単に理念として措定されるだけで、歴史上一度も共有されたことがなかったものなのです。

「戦後民主主義」の条件

この点で、「戦後民主主義」と呼ばれるものの内実を振り返ってみる必要があると思われます。第二次世界大戦後、少なくともしばらくの間はカント的な「私たち」の理念が社会で共有されていた時期が存在したと考える人もいると思われるからです。この時代、クーンのいう「通常科学」が発展し、賃金も上がって労働者の生活は著しく豊かになりました。福祉にも大きな予算が割かれ、多様な価値観を認め合うリベラルな社会が実現します。公共的な議論を背景にした市民の声が、実際に政治を動かす実例も多数ありました。そうした戦後民主主義の状況を考えれば、カント的な「私たち」は実際に共有されていたと考えられるように思えます。

しかしそれは、歴史の一面を切り取った見方です。経済的な観点から見ると、第二次世界大戦後の高度経済成長は、それまで搾取されてきた労働者を消費者として社会に取り込むことで実現したという点を見逃してはなりません。先に見たように、産業化の進展は労働者の貧困を生み、資本家と労働者の対立の激化が、革命も辞さない社会変動の大きな要因になりました。第二次世界大戦における枢軸国と連合国の対立もまた、労働者階級の不満を基盤とした「社会改革」の問題として考えることができます（荒谷 二〇二〇参照）。

戦後の社会は、労働者を搾取することから離れ、労働者の賃金を上げて「買う主体」にすることで、消費者市場の著しい拡大を実現しました。労働者を「社員」とし、売上高が賃金にも還元されるシステムが導入されたことで、資本主義の発展と労働者の賃金増が連動する社会が実現したのです。こうして労働者は、公共的な議論の場に参加する前に経済的な主体として企業に帰属する存在になりました。

労働者の賃金の上昇が経済発展につながる高度経済成長期には、積極的な公共投資も産業発展のための有効な手段と見なされました。国や自治体が借金をしてインフラを整備しても、それに伴って産業が発展すれば税収の増加で債務を賄《まかな》えます。社会保障費の増加も経済成長を前提にして、厚く整えることができました。市民の声を受けてさまざまな行政サービスを実現できたのも、高い経済成長の中ではじめて可能なことだったと考えられます。かつて存在していた「戦後民主主義」の社会は、スミス的な「私たち」の上に成立していたものだったのです。

ネオ・リベラリズムの台頭

実際、高度経済成長が終わると、存在していると思われたカント的な「私たち」の共有は失われました。アメリカではリベラルな立場を採る民主党の中から「ネオ・リベラリズム」と呼ばれる動きが生まれ、従来の福祉的な政策をあらためて経済効率を高める必要性が訴えられるようになります。

私が考えるに、民主党の統治が終わった〔＝共和党のレーガン政権が成立した〕原因は、ひとつです。すなわち、現実は政治理論に合致するようには枉《ま》げられないということです。一九八〇年の民主党綱領の主要部分は、一九三〇年代と一九六〇年代の現実を反映するもので、決して〔高度経済成長が終わった〕一九七〇年代の現実を反映するものではなかったのです。(Tsongas 1981, p. xiii)

このようにリベラルな民主党を批判したのは、民主党内でクリントンと大統領候補を争ったポール・ソンガスでした。「消費者の味方」に立ってガソリン税値上げに反対し、賃上げばかりに目を向けて労働生産性の向上に目を向けない労働組合の活動は、高度経済成長の後の「現実」を見ない理想主義にすぎないと批判されています。かつての理想がもはや通用しないことが指摘され、リベラル派の内部から経済成長を優先させる政策が打ち出されたのです。

これに伴って、労働者の権利を守る活動の拠点である労働組合も、組織率と加盟率を低下させていきます。賃金の上昇が経済成長につながらない状況が顕在化すると、企業は存続をはかるため、大量の解雇を伴う「構造改革（リストラクチャリング）」を行うようになりました。しかし、労働組合は、こうした企業の振る舞いに対して、実質的な対抗手段をもちえませんでした。企業の存続自体が危うい状態にあって労働者の「権利」だけを主張することは「既得権益」に固執する保守的な態度であるかのように見なされたのです。

こうして労働者の経済的な基盤が揺るがされることで人々は、仕事を得るために、あるいは失わないためにより強く経済活動にコミットすることを強いられるようになります。そうして、企業にとって有為な人材であることがその人間の価値を示すような状況が、よりはっきりしたかたちで現れました。スミス的な「私たち」の一員として資本主義社会にコミットすることが、生きる上で必要不可欠なことになったのです。「美」の章で見た、サブカルチャーにおける「決断主義」への転回はこうした経済基盤の変化に対応するものだったと考えられます。

一九九〇年代までのオタクは社会から距離をとり、何もしないで「私」の中に「引きこもる」ことができました。しかし、二〇〇〇年代以降の若者は資本主義の厳しい競争にコミットせざるを得ない状況に追い込まれています。サブカルチャー上の表象の変化は、サブカルチャー内部での新たな展開というより社会的な環境の変化に対応するものだったと考えられます。

資本主義へのコミットが強制される社会において、人々の無意識の欲望の操作は常態化しています。「パブリック・オピニオン」と呼ぶべきものは、SNSでの情報工作やフェイク・ニュースの発信などによって操作される対象になりました。「好感度」を資本とする経済が人々の欲望を支配し、「公共意識」の開発が莫大な利益をもたらす国の主要産業のひとつに位置づけられることになりました。バーネイズが企図したフロイト理論の産業への応用は、こうして社会理論の外で大きな成功を収めることになったのです。

そうした状況でなおリベラルな理念に固執し、絵空事のような「公共性」を語ることは、一部の富裕層や経済音痴の知識人の特権でしかないといわざるを得ないでしょう。「正義」の章で見たリベラル派の退潮が、こうしてはっきりと印されることになります。さまざまな魔法が人々の目を眩《くら》ませる中で、私たちはどこに向かうことができるのでしょうか。先行きの見えない状況の中で、私たちがするべきなのは、新しくすべてのことをゼロから考え直すことなのだと思います。

グラウンド・ゼロ　二〇二一年〜：あとがきに代えて

本来であれば、ここから新しい社会に向けた具体的な議論を展開すべきところでしょう。実際、そのための原稿も一度書き上げました。しかし、非常に残念ではありますが、今回はここまでということにしたいと思います。前著（荒谷 二〇一九）に引き続き、肝心の未来像について十分な紙幅を割いた議論ができないことを、書き手として大変申し訳なく思います。ひとつの本のまとまりを考えると哲学史的な議論と未来像の提示は分けた方がいいという編集上の判断を容れたかたちです。時代状況における哲学者の役割を考えると、前提となる歴史的な議論を整理する作業をおいてでも、新しい社会のあり方を示すことに注力すべきだったかもしれませんが、機会をあらためて挑戦したいと思います。

以下、概略的にこの後の見取り図を示すことで、あとがきに代えたいと思います。

本論では、私たちが自分でそう望んだわけではないにもかかわらず、知らない間に特定の「私たち」のうちのひとりと見なされることで、多くの問題が引き起こされることが明らかになりました。だとすれば問題は、どうすれば特定の「私たち」への参加を強制されず「自由」に生きることができるかということになります。しかし、そこでの「自由」とは、それぞれの「個人」が勝手に生きることを意味するのではありません。むしろ、近代社会で暗黙のうちに前提にされた「個人としての私」という枠組みから解放されることを意味しています。人間は、他者から切り離されたバラバラな「個人」として生きなければならないわけではありません。鍵は、「私」という自己意識を想定しなくても「経験の主体」を考えることができるというフロイトの「発見」にあります。

「私」という自己意識が存在しない状態から「私」が出来上がっていく過程がどのようなものかを明らかにできれば、特定の「私たち」のひとりであることを強制されることから解放され、他者との間で「自由」に関係を取り結ぶ社会を作ることができるでしょう。かつて私たちの誰もが歩んできた過程、すなわち、赤ん坊が言語を習得して自己意識を獲得するに至る過程を振り返ることで、その可能性が見えてきます。フロイトが「エディプス・コンプレックス」と呼んだ過程を批判的に捉え直すことで、誰もが自由に自分がコミットする「私たち」を選べる社会を構想することができるのです。私たちはこれまで「すべての私」を取り込むような「私たち」を作ろうとしてきました。スミス的な「私たち」は市場原理による道徳システムをグローバル化することで、カント的な「私たち」は「世界市民」という理念の生得性を謳うことで、「すべての私」は結局みな同じ「私」なのだという幻想を共有しようとしたのです。

　そうした試みは上手くいきませんでした。「個人」という枠組みで人々を分断して競争原理によって経済発展を期する社会にせよ、ひとつの同じ理性の共有を前提にすることで人々の間の公平を担保しようとする社会にせよ、人々が自分でコミットした覚えのない「私たち」の規範を互いに押し付け合うだけでは、同じひとつの「私たち」を共有することはできなかったのです。互いに対立する「正義」は、どちらもそれぞれの仕方で「正しい」と言われるだけで、折り合いをつけることができませんでした。

　しかし、社会と呼ばれるものの存立条件に他の社会との共存可能性を数え入れるなら、問題は解決します。社会が社会として可能になるような超越論的な条件として、いつでも互いに「ゼロ地点」に立ち返ることを約束するのです。そうすることで、すべての「私たち」に再契約可能性が与えられることになるでしょう。いつでも異なる世界観との対話に開かれているということが、社会が社会として承認される条件になります。この再契約可能性の保証は、義務として課されるもののように見えますが、それ自体、ひとつの快楽として人々の欲望の対象になりうるということも重要な論点になるでしょう。フロイトが「死の欲動」と呼んだ概念を精査することで、ゼロ地点へと立ち返ることの快楽が「自由」な社会を無理なく実現する契機になるのです。

——以上、甚だ簡単ではありますが「新しい社会」の絵を描いてみました。こうした議論は、詳しい説明や細やかな具体例を抜きには、すぐ腑に落ちるものではないかもしれません。しかし、現在の私たちが直面する危機においては、単にこれまで語られたことをもう一度考えるのではなく、ゼロから新しく「社会」と呼ばれるものを考え直すことが必要だと思われます。そうした議論のできる場が程なく得られることを期して、まずは筆をおきたいと思います。

＊

講談社の互盛央さんには、毎度のことながら大変にお世話になりました。資本主義の「文化」が浸透し、社会を批判的に捉え直す契機がどんどん切り詰められていく中で、出版文化を支える仕事を堅実に積み上げていく互さんの姿勢には本当に頭が下がります。この拙い本がその企図に適うものかは甚だ心もとないところですが、わずかでも社会的機能を果たせることを願うばかりです。

近い将来、訪れるだろう変化の波を、少しでもよい方向へ向けていくために

二〇二一年四月

筆者

注

[I 富]

1 近代経済学者は、カール・メンガー（一八四〇―一九二一年）の名を思い浮かべるかもしれませんが、メンガーの議論はマルクスより年代が後だったにもかかわらず、不十分なものだと思います（詳細については、荒谷 二〇一三を参照）。

2 これは実のところ、スミスが実際にやってしまっていることです。ここで参照しているスミスの『道徳感情論』（一七五九年）は第六版（一七九〇年）まで出ていますが、スミスの態度はこれらの版の間で大きく揺らいでいます。とりわけ晩年に加えられた改訂では、ストア派の道徳に立ち返ることが推奨され、あるべき道徳の内容が具体的に示されました。本書ではしかし、経済学に直接つながるスミスの議論に焦点を当てています。

3 プロテスタントでもサクラメントは「礼典」として残されますが、そこに救済の約束を含ませることは拒否されました。

4 マックス・ウェーバー（一八六四―一九二〇年）が『プロテスタンティズムの倫理と資本主義の精神』（一九〇四―〇五年）で示したような「資本主義の精神」が、その後、今日に至るまで、どのように改訂されていったかについて、リュック・ボルタンスキーとエヴ・シャペロは興味深い議論をしています。すなわち、プロテスタント神学が資本主義の第一の精神だったとすれば、戦後民主主義において実現した企業=家とする帰属意識が資本主義の第二の精神であり、ネオ・リベラリズムとして実現した能力主義が第三の精神にあたる、という議論です（ボルタンスキー+シャペロ 二〇一三）。

[II 美]

1　二〇一六年四月二三日のアメリカのビルボードで日本の女性メタルバンド「BABYMETAL」が初登場で三九位にランクインした際、音楽批評家のピーター・バラカンが批判的なコメントをしたところ、炎上したことがありました。「メディアを通じて少しは耳にしていましたが、ぼくは全く評価できません。先入観ではありません。あんなまがい物によって日本が評価されるなら本当に世も末だと思います」とバラカン氏が Twitter でコメントすると、BABYMETAL のファンから批判が殺到――「ライブ映像はご覧になりましたか？　ぜひ映像をご覧になってからどこをまがい物と感じるか説明していただけませんか？」「器の小さい男だなって思った。まがい物と言われようとも結果として世界で評価されてるから本物だろう」、「誰かいい耳鼻科紹介してあげて」などというコメントで溢れたのです。批評的な観点からの発言でも、否定的に評価すること自体に批判が集まる例として、興味深いものがあります（「ピーター・バラカン「ベビーメタルはまがい物」発言はおかしくない！　ベビメタ批判・経歴がタブーの音楽業界」、『LITERA』https://lite-ra.com/2016/04/post-2191.html）。

2　リオタールの用法は、教養主義的に知のプラットフォームを形成しようとする運動の敗退を意味していました。リオタールによれば、それは一九五〇年代の終わりからはじまるとされますが、教養主義の敗北という論点だけでいえば、すでに一九一〇年代には勝敗がついていたと考えられます（この点について詳しくは、荒谷 二〇一九、一三〇頁以下参照）。

3　「それぞれ異なる小さな物語と、その物語が生成する共同性＝島宇宙の集合体として現代を捉えるという点において、私の議論は東のそれをほぼ踏襲している」（宇野 二〇〇八、三六頁）。

4　「独創性」の成立過程については、小田部 二〇〇一に多くを負っています。

5　「作家が先行する範例に対抗し、ともかくも独創的であろうとするときには、そこには何事につけ、ぎこちない無理強いしか期待できない」（Hurd 1969, p. 234）。あるいは「独創的無意味といったものも存在しうる」（カント『判断力批判』アカデミー版第五巻、三〇七頁）。

6　「先行する冒険家の試みを知らない生徒は〔…〕最も取るに足らない脇道を重大な発見と取り違え、自分にとって新たな海岸を新発見の国土と勘違いする」（Reynolds 1959, p. 27）。

7 アーサー・C・ダントー（一九二四―二〇一三年）は、ヘーゲルによる「芸術終焉論」を現代アートを含めた歴史的な射程で敷衍し、「宗教や哲学と同じ領野に属するものとして確立する」ような芸術は終わり、芸術の終焉後の芸術は「進歩」という概念から離れた「多元主義」として現れるとしました（ダントー 二〇一七）。しかし、そうした「あなたが何をしようとそれは問題ではない」という「人それぞれ」の芸術のあり方が成立する基盤がどのようなものであるかについては、批判的な考察をしていません。もう少し広い歴史的視野で見れば、それが資本主義社会における「個人の自由」の枠組みに準拠していることは明らかだと思われます。

8 アンドレ・ラランドによると「主意主義／主知主義」という対立軸を最初に提示したのは、フェルディナント・テンニース（一八五五―一九三六年）のスピノザ研究であったといわれます（Lalande 1991）。テンニースは、スピノザの『エチカ』第二部定理三、つまり神のイデアの必然性の議論に対して注釈をする場面で、スピノザのテクストにおける主意主義と主知主義を対置してみせました（Tönnies 1883, S. 169）。その語がフリードリヒ・パウルゼン（一八四六―一九〇八年）の『哲学入門』（一八九二年）に採用されて人口に膾炙するようになったといわれます（Paulsen 1906）。ただ今日、おそらくは言葉の印象によって、右翼における心情主義を「主意主義」、インテリ左翼の特性を「主知主義」と分ける言い方が一定程度広まっていますが、右／左の対立の特性を示すかのように使われる言葉の用法は、それほど確かな根拠をもっていないように思われます。

9 ラ・ロシュフコー 一八八九の訳注には、当時の書評が二つ引かれていますが、そこでは「この感じのよさは「私にはよくわからないもの」を指す」と指摘されています。

［Ⅲ 科 学］

1 クーン自身は、「パラダイム」という概念の曖昧さを理由に、後にこの概念の代わりに「専門マトリックス（disciplinary matrix）」という言葉を用いるようになりました。

2 「通常科学が存在するということ――そして通常科学はまさにクーンがそれはこういうものだと述べている通りのものだということ――は、実際的なやり方にしろ技術学的なやり方にしろ、科学哲学者たちが何らかの実際の科学的研究の実行に着手すれば、どんな科学哲学者の面前にも現われ、彼らが出くわす、顕著で明々白々な事実なのである。クーンは――とうとう――〔科学哲学者がそう思い込んでいるものとは異なり〕すべての実在する科学（基礎研究も応用研究も技術学的研究もここではどれも大した違いはない）に関するこの中心的な事実に、すなわち現実にある科学は通常は習慣に支配されたパズル解きの活動であって、原理原則を使って持ち上げたり反証したりする活動ではない（別の言葉でいえば**哲学的**な活動ではない）という事実に、気がついたのである」（マスターマン 一九八五、八九頁）。

3 「科学者の教育の最後の段階まで、独創的な科学文献の代わりに教科書が系統的に与えられている。この教育技術はパラダイムがあるから可能なのである」（クーン 一九七一、一八六―一八七頁）。

4 「能動的物質という概念はまっすぐに無神論に至るであろうというのがニュートンの見解だった」（Dobbs and Jacob 1995, p. 59）。ニュートンによれば、人間が自分たちの手で新しいものを生み出すことができると考えるのは誤りです。

〔Ⅳ 正 義〕

1 「アルコールの毒素にあたって惚《ほう》けていく人類を、市民的理性と能率に目覚めさせるのはコーヒー」（シヴェルブシュ 一九八八、三六頁）。

2 ホッブズにおいては、すぐ後に見るように、自然権は戦争状態を回避するために統治者に譲渡されるものと考えられていました。

3 物体としての人間の振る舞いは、結局のところ「自然界」の中で神が定めた必然性に従わざるをえないというのがホッブズの考えでした。人間は自らの意志によって選択し、「自由」に行為しますが、ホッブズによれば、その選択を左右するのは記憶です。記憶は、先にみたように感覚に由来すると考えられていました。そして、「その感覚は我々にとって外的な感覚の対象から生じ、それは全能の神によって支配されている」（Hobbes 1992, p. 270）とされたのです。

【Ⅴ 私】

1 「超越論的理念には、ある卓越し不可欠の、かつ必然的な統制的使用がある。つまりは悟性をある目標に向かわせるということであり、この目標をめざして悟性のあらゆる規則の有する方向性は一点に帰着する。この一点はたしかに理念にすぎない。すなわちそれはまったくのところ可能な経験の限界の外部に存するのだから、問題の一点は悟性概念がそこから現実に発する点ではない。それにもかかわらずその一点は、悟性概念に対して、最大の統一ならびに最大の拡大を与えるのに役立つ一点なのである」（『純粋理性批判』第一版六四四頁、第二版六七二頁）。

2 「現代的なコミュニケーションは、単なる高度に組織化されたウェブ機構ではなく、社会的な善悪のための潜在的な力だと考える必要がある」（Bernays 1947, p. 113）。

【欲望の哲学史から未来へ】

1 セクストス・エンペイリコスの著作によって知られる古代懐疑論は、ヘンリクス・ステファヌス（アンリ・エティエンヌ）（一五二八―九八年）によるラテン語訳を契機として、ミシェル・ド・モンテーニュ（一五三三―九二年）を嚆矢とする近代懐疑論に大きな影響を与えました。「確実な真理は知りえない」という古代懐疑論の主張は、アリストテレス主義批判の文脈の中で、既存の世界観の解体をもたらしうるものと考えられたのです。しかし、古代懐疑論自体は、すべてを懐疑の底に沈めて知の基盤を破壊することを目指していたのではなく、むしろ「確実な真理は知りえないこと」の自覚による精神の安静を求めるものだったことは注意しておく必要があります。

2 「現実の個体的な人間が、抽象的な公民を自分のなかに取り戻し、個体的な人間でありながら、その経験的生活、その個人的労働、その個人的諸関係のなかで、類的存在となったとき、つまり人間が彼の「固有の力」を社会的な力として認識し組織し、したがって社会的な力をもはや政治的な力というかたちで自分から分離しないとき、そのときはじめて、人間的解放は完遂されたことになるのである」（マルクス 一九七四、五三頁）。

文献一覧

外国語文献

Bernays, Edward L. 1923, *Crystallizing Public Opinion*, New York: Boni and Liveright.

—— 1947, "The Engineering of Consent", *The Annals of the American Academy of Political and Social Science*, 250(1).

Bouhours, Dominique 1687, *La manière de bien penser dans les ouvrages d'esprit*, Paris: Sebastien Mabre-Cramoisy.

Chevalier de Méré 2008, *Œuvres complètes*, texte établi et présenté par Charles-Henri Boudhors, tome 2, Paris: Klincksieck.

Dobbs, Betty Jo Teeter and Margaret C. Jacob 1995, *Newton and the Culture of Newtonianism*, Atlantic Highlands, N. J.: Humanities Press.

Ekins, Emily 2017, "Poll: 71% of Americans Say Political Correctness Has Silenced Discussions Society Needs to Have, 58% Have Political Views They're Afraid to Share", Cato Institute（二〇一七年一〇月三一日）、https://www.cato.org/blog/poll-71-americans-say-political-correctness-has-silenced-discussions-society-needs-have-58-have：二〇二〇年三月一七日最終閲覧。

Fingerhut, Hannah 2016, "In 'Political Correctness' Debate, Most Americans Think Too Many People Are Easily Offended", Pew Research Center（二〇一六年七月二〇日）、https://www.pewresearch.org/fact-tank/2016/07/20/in-political-correctness-debate-most-americans-think-too-many-people-are-easily-offended/：二〇二〇年三月一七日最終閲覧。

Hobbes, Thomas 1992, *The Collected Works of Thomas Hobbes*, collected and edited by Sir William Molesworth, Vol. 4, London: Routledge / Thoemmes Press.

Hurd, Richard 1969, *The Works*, Vol. 2, Hildesheim: G. Olms.

Lalande, André 1991, *Vocabulaire technique et critique de la philosophie*, 2 vol., Paris: Presses Universitaires de France.

Luther, Martin 1888, *D. Martin Luthers Werke*, kritische Gesamtausgabe, Bd. 6, Weimar: Böhlau.

Mower, Sarah 2020, "Comme des Garçons Homme Plus FALL 2020 MENSWEAR", *Vogue*（二〇二〇年一月一八日）、https://www.vogue.com/fashion-shows/fall-2020-menswear/comme-des-garcons-homme-plus：二〇二〇年四月一九日最終閲覧。

Murray, Douglas 2019, "Britain's Divide Isn't North v South or Red v Blue: It's Between the Ugly Intolerant Left and the Rest of Us", *The Mail On Sunday*（二〇一九年一二月一四日）、https://www.dailymail.co.uk/debate/article-7793275/amp/DOUGLAS-MURRAY-Britains-divide-ugly-intolerant-Left-rest-us.html：二〇二〇年三月一八日最終閲覧。

Newton, Isaac 1782, *Isaaci Newtoni opera quæ exstant omnia*, commentariis illustrabat Samuel Horsley, tomus 4, London: Joannes Nichols.

—— 1958, *Isaac Newton's Papers & Letters on Natural Philosophy and Related Documents*, edited, with a general introduction by I. Bernard Cohen, Cambridge, Mass.: Harvard University Press.

Paulsen, Friedrich 1906, *Einleitung in die Philosophie*, 15. Aufl., Stuttgart und Berlin: Cotta.

Reynolds, Joshua 1959, *Discourses on Art*, edited by Robert R. Wark, San Marino: Huntington Library.
Schlegel, August Wilhelm 1989, *Kritische Ausgabe der Vorlesungen*, Bd. 1, herausgegeben von Ernst Behler in Zusammenarbeit mit Frank Jolles, Paderborn: F. Schöningh.
Schlegel, Friedrich von 1967, *Kritische Friedrich-Schlegel-Ausgabe*, Abt. 1, Bd. 2, herausgegeben und eingeleitet von Hans Eichner, Paderborn: F. Schöningh.
Scholar, Richard 2005, *The* Je-Ne-Sais-Quoi *in Early Modern Europe: Encounters with a Certain Something*, Oxford: Oxford University Press.
Smith, Adam 1976, *The Theory of Moral Sentiments*, edited by D. D. Raphael and A. L. Macfie, Oxford / London: Clarendon Press / Oxford University Press.（アダム・スミス『道徳感情論』高哲男訳、講談社（講談社学術文庫）、二〇一三年）
Tönnies, Ferdinand 1883, „Studie zur Entwicklungsgeschichte des Spinoza“, *Vierteljahrsschrift für wissenschaftliche Philosophie*, 7. Jahrg.
Tsongas, Paul 1981, *The Road from Here: Liberalism and Realities in the 1980s*, New York: Knopf.

邦訳文献

イエイツ、フランセス 二〇一〇『ジョルダーノ・ブルーノとヘルメス教の伝統』前野佳彦訳、工作舎。

ヴェーバー、マックス 一九八九『プロテスタンティズムの倫理と資本主義の精神』（改訳）、大塚久雄訳、岩波書店（岩波文庫）。

カント、イマヌエル 二〇〇五『純粋理性批判』（全三冊）、原佑訳、平凡社（平凡社ライブラリー）。

クーン、トーマス 一九七一『科学革命の構造』中山茂訳、みすず書房。

シヴェルブシュ、ヴォルフガング 一九八八『楽園・味覚・理性――嗜好品の歴史』福本義憲訳、法政大学出版局。

シュナイウィンド、J・B 二〇一一『自律の創成――近代道徳哲学史』逸見修二訳、法政大学出版局（叢書・ウニベルシタス）。

ダントー、アーサー・C 二〇一七『芸術の終焉のあと――現代芸術と歴史の境界』山田忠彰監訳、河合大介・原友昭・粂和沙訳、三元社。

デカルト、ルネ 二〇〇六『省察』山田弘明訳、筑摩書房（ちくま学芸文庫）。

ニュートン、アイザック 一九八三『光学』島尾永康訳、岩波書店（岩波文庫）。

―― 二〇一九『プリンシピア――自然哲学の数学的原理』第Ⅲ編「世界体系」中野猿人訳、講談社（ブルーバックス）。

パスカル、ブレーズ 一九八一「シュヴァリエ・ド・メレからパスカルへの手紙」、『パスカル著作集』第二巻、田辺保訳、教文館。

―― 二〇一三『パンセ』田辺保訳、教文館（キリスト教古典叢書）。

ハリソン、ガイ・P 二〇一四『Think 疑え！』松本剛史訳、集英社インターナショナル（知のトレッキング叢書）。

ホッブズ、トマス 一九九二『リヴァイアサン』（改訳）（全四冊）、水田洋訳、岩波書店（岩波文庫）。

ボードリヤール、ジャン 二〇一一『芸術の陰謀――消費社会と現代アート』塚原史訳、NTT出版。

ボルタンスキー、リュック＋エヴ・シャペロ 二〇一三『資本主義の新たな精神』（全二巻）、三浦直希・海老塚明・川野英二・白鳥義彦・須田文明・立見淳哉訳、ナカニシヤ出版。

マスターマン、マーガレット 一九八五「パラダイムの本質」、イムレ・ラカトシュ＋アラン・マスグレーヴ編『批判と知識の成長』森博監訳、木鐸社。

マルクス、カール 一九七四「ユダヤ人問題によせて」、『ユダヤ人問題によせて ヘーゲル法哲学批判序説』城塚登訳、岩波書店（岩波文庫）。

マレー、ダグラス 二〇一八『西洋の自死――移民・アイデンティティ・イスラム』町田敦夫訳、東洋経済新報社。

ラ・ロシュフコー、フランソワ・ド 一九八九『ラ・ロシュフコー箴言集』二宮フサ訳、岩波書店（岩波文庫）。

ロック、ジョン 二〇一〇『完訳 統治二論』加藤節訳、岩波書店（岩波文庫）。

ロールズ、ジョン 二〇一〇『正義論』（改訂版）、川本隆史・福間聡・神島裕子訳、紀伊國屋書店。

日本語文献

芦名定道 一九九九「キリスト教と近代自然科学――ニュートンとニュートン主義を中心に」、『京都大學文學部研究紀要』第三八号。
東浩紀 二〇〇一『動物化するポストモダン――オタクから見た日本社会』講談社（講談社現代新書）。
荒谷大輔 二〇一三『「経済」の哲学――ナルシスの危機を越えて』せりか書房。
―― 二〇一九『資本主義に出口はあるか』講談社（講談社現代新書）。
―― 二〇二〇「ゼロへの欲望――ポスト資本主義社会における幸福」、南條史生・アカデミーヒルズ編『人は明日どう生きるのか――未来像の更新』ＮＴＴ出版。
伊藤勝彦 一九七〇『デカルトの人間像』勁草書房（哲学思想叢書）。

井上達夫 二〇一五『リベラルのことは嫌いでも、リベラリズムは嫌いにならないでください――井上達夫の法哲学入門』毎日新聞出版。
内井惣七 二〇〇六『空間の謎・時間の謎――宇宙の始まりに迫る物理学と哲学』中央公論新社（中公新書）。
宇野常寛 二〇〇八『ゼロ年代の想像力』早川書房。
小田部胤久 二〇〇一『芸術の逆説――近代美学の成立』東京大学出版会。
栗原雅 二〇一九「人の「骨格」を見て、作業ミスをＡＩが即座に発見――生産現場の作業者の動作を解析する三菱電機の新技術」、JBPress Digital Innovation Review（二〇一九年一一月二七日）、https://jbpress.ismedia.jp/articles/-/58368?page=2：二〇二〇年三月一三日最終閲覧。
佐藤秀峰 二〇一五「「ブラックジャックによろしく」二次利用フリー化1年後報告　後編」（二〇一五年五月五日）、https://note.com/shuho_sato/n/neda36a41a7b3：二〇二〇年八月一六日最終閲覧。

荒谷大輔（あらや・だいすけ）
一九七四年生まれ。東京大学大学院博士課程単位取得退学。博士（文学）。現在、江戸川大学基礎・教養教育センター教授。専門は、哲学・倫理学。
主な著書に、『西田幾多郎』（講談社）、『「経済」の哲学』（せりか書房）、『ラカンの哲学』（講談社選書メチエ）、『資本主義に出口はあるか』（講談社現代新書）など。

使《つか》える哲《てつ》学《がく》

私《わたし》たちを駆《か》り立《た》てる五《いつ》つの欲望《よくぼう》はどこから来《き》たのか

二〇二一年 七月一三日 第一刷発行

著者 荒《あら》谷《や》大《だい》輔《すけ》

発行者 鈴木章一

発行所 株式会社 講談社

東京都文京区音羽二丁目一二—二一 〒一一二—八〇〇一

電話 （編集）〇三—三九四五—四九六三

（販売）〇三—五三九五—四四一五

（業務）〇三—五三九五—三六一五

装幀者 奥定泰之

本文印刷 株式会社 新藤慶昌堂

カバー・表紙印刷 半七写真印刷工業 株式会社

製本所 大口製本印刷 株式会社

ISBN978-4-06-523827-1 Printed in Japan N.D.C.100 217p 19cm

講談社選書メチエの再出発に際して

講談社選書メチエの創刊は冷戦終結後まもない一九九四年のことである。長く続いた東西対立の終わりはついに世界に平和をもたらすかに思われたが、その期待はすぐに裏切られた。超大国による新たな戦争、吹き荒れる民族主義の嵐……世界は向かうべき道を見失った。そのような時代の中で、書物のもたらす知識が一人一人の指針となることを願って、本選書は刊行された。

それから二五年、世界はさらに大きく変わった。特に知識をめぐる環境は世界史的な変化をこうむったとすら言える。インターネットによる情報化革命は、知識の徹底的な民主化を推し進めた。誰もがどこでも自由に知識を入手でき、自由に知識を発信できる。それは、冷戦終結後に抱いた期待を裏切られた私たちのもとに差した一条の光明でもあった。

その光明は今も消え去ってはいない。しかし、私たちは同時に、知識の民主化が知識の失墜をも生み出すという逆説を生きている。堅く揺るぎない知識も消費されるだけの不確かな情報に埋もれることを余儀なくされ、不確かな情報が人々の憎悪をかき立てる時代が今、訪れている。

この不確かな時代、不確かさが憎悪を生み出す時代にあって必要なのは、一人一人が堅く揺るぎない知識を得、生きていくための道標を得ることである。

フランス語の「メチエ」という言葉は、人が生きていくために必要とする職、経験によって身につけられる技術を意味する。選書メチエは、読者が磨き上げられた経験のもとに紡ぎ出される思索に触れ、生きるための技術と知識を手に入れる機会を提供することを目指している。万人にそのような機会が提供されたとき初めて、知識は真に民主化され、憎悪を乗り越える平和への道が拓けると私たちは固く信ずる。

この宣言をもって、講談社選書メチエ再出発の辞とするものである。

二〇一九年二月　　野間省伸

MÉTIER

講談社選書メチエ　社会・人間科学

MÉTIER

- 日本語に主語はいらない　金谷武洋
- テクノリテラシーとは何か　齊藤了文
- どのような教育が「よい」教育か　苫野一徳
- 感情の政治学　吉田　徹
- マーケット・デザイン　川越敏司
- 「社　会《コンヴィヴィアリテ》」のない国、日本　菊谷和宏
- 権力の空間／空間の権力　山本理顕
- 地図入門　今尾恵介
- 国際紛争を読み解く五つの視座　篠田英朗
- 中国外交戦略　三船恵美
- 易、風水、暦、養生、処世　水野杏紀
- 「こつ」と「スランプ」の研究　諏訪正樹
- 丸山眞男の敗北　伊東祐吏
- 新・中華街　山下清海
- ノーベル経済学賞　根井雅弘編著
- 氏神さまと鎮守さま　新谷尚紀
- 日本論　石川九楊

- 丸山眞男の憂鬱　橋爪大三郎
- 「幸福な日本」の経済学　石見　徹
- 危機の政治学　牧野雅彦
- 主権の二千年史　正村俊之
- 機械カニバリズム　久保明教
- 養生の智慧と気の思想　謝心範
- 暗号通貨の経済学　小島寛之
- 電鉄は聖地をめざす　鈴木勇一郎
- 日本語の焦点　日本語「標準形《スタンダード》」の歴史　野村剛史
- ヒト、犬に会う　島　泰三
- 解読　ウェーバー『プロテスタンティズムの倫理と資本主義の精神』　橋本　努
- AI時代の労働の哲学　稲葉振一郎
- ワイン法　蛯原健介
- MMT　井上智洋
- 快楽としての動物保護　信岡朝子
- 手の倫理　伊藤亜紗
- 現代民主主義　思想と歴史　権左武志